Birgit Ertl

Beziehung statt Erziehung

Birgit Ertl

Beziehung statt Erziehung

Wie Kinder und Eltern aneinander wachsen

Bücher haben feste Preise.
1. Auflage 2022

Birgit Ertl
Beziehung statt Erziehung

Umschlag:
Foto: Nataliabiruk/shutterstock.com
Gestaltung: Dragon Design, GB

Lektorat: Lydia Schädlich

Satz und Gestaltung:
Dragon Design, GB
Gesetzt aus der Minion

Gesamtherstellung: Appel & Klinger, Schneckenlohe
Printed in Germany

ISBN 978-3-89060-815-0

Neue Erde GmbH
Cecilienstr. 29 · 66111 Saarbrücken
Deutschland · Planet Erde
www.neue-erde.de

Inhalt

Vorwort

Anders zu denken wagen.

Vorsicht, Sie begeben sich mit dem Lesen dieses Buches auf eine Reise, die Ihre Denkgewohnheiten in Frage stellen können. Vielleicht stellt es auch Ihre gesamten bisherigen Vorstellungen über Kinder und Erziehung auf den Kopf. Oder Sie finden sich unterstützt und entdecken etwas Vertrautes oder etwas Verstörendes, etwas Spannendes, etwas Extremes oder Irritierendes.

Inspiriert von dem bekannten dänischen Familientherapeuten Jesper Juul, der die Verantwortung der Eltern neu beschrieben hat, und Emmi Pikler, die neue Wege in der Kleinkindpädagogik ging, sowie geprägt von meiner langen Arbeit mit Kinder und Erwachsenen ist dieses Buch mit einem radikal anderen Blick auf Kinder entstanden – *Kinder als Liebes- und Menschenbotschafter* – als Chance für Erwachsene.

Mein Ziel ist es, Sie, liebe LeserIn, anzuregen, gewohnte Denkrahmen zu hinterfragen, weiterzuentwickeln und Neues im Zusammenleben mit Kindern zu entdecken. Gleichzeitig weiß ich, dass es kein sensibleres Thema als »Erziehung« gibt. Es liegt mir fern, zu wissen, was für Sie richtig oder falsch ist. Das bleibt allein Ihre Entscheidung. Ich will die Chancen beschreiben, die wir als Erwachsene haben, wenn wir uns auf die Kinder einlassen – und so gegenseitig wunderbar bereichern. Vielleicht scheint manchen das Bild von Kindern etwas idealisiert. Wagen Sie es einfach, einmal so zu denken! Ich weiß wie herausfordernd und anstrengend das Leben mit Kindern sein kann. Klopfen Sie sich einfach immer wieder auf die Schulter und sagen Sie: »Du machst es gut genug.« Mit dieser Haltung und der Bereitschaft, sich noch weiter auf Kinder einzulassen, verändern wir die Welt.

Anmerkung zum Gendern: Es heißt bewusst im Wechsel, der Erwachsene und die Erwachsene, auch in anderen Wendungen sind immer beide Geschlechter gemeint. Um der Lesbarkeit willen wird auf Gendersternchen in der Regel verzichtet.

Einleitung

Der andere Blick auf Kinder

Können Kinder Coaches sein? Da steht die Welt auf dem Kopf! Kinder sind doch auf unsere Fürsorge, unsere Liebe angewiesen, auf unsere Erfahrungen, unseren Halt und Schutzraum – auf ganz viel Begleitung in die Welt. Wir lehren sie unsere Werte, wir geben ihrem Leben Struktur und übernehmen Verantwortung für sie. Sie brauchen uns als Coaches, um überhaupt lebensfähig zu sein!

Doch zugleich können sie zu den wichtigsten Coaches *unseres* Lebens werden – wenn wir uns auf sie einlassen. Kinder sind vom Tag ihrer Geburt unsere engsten Begleiter, anfangs ununterbrochen, 24 Stunden am Tag. Auch wenn es schwer und anstrengend wird, bleiben sie bei uns. Sie wollen wissen, wer wir sind, wie wir denken, fühlen und leben. Sie stellen uns vor große Aufgaben und Herausforderungen. Sie glauben an uns, vertrauen darauf, dass wir Lösungen finden. Wenn wir uns drücken wollen, bringen sie ein Thema hartnäckig immer und immer wieder aufs Tapet. Sie sind ExpertInnen im Ausleben von Gefühlen, zeigen uns, wie kostbar das Leben ist und lassen uns teilhaben an ihrer Entdeckungsreise. Sie machen uns bewusst, auf was es im Leben wirklich ankommt. Damit stellen sie uns immer wieder vor die Entscheidung, was uns wichtig ist – und vor Fragen wie: »Wie will ich mein Leben gestalten? Woran richte ich es aus?«

Welche Impulse wir von ihnen aufnehmen können, wie wir das Zusammenleben mit ihnen gestalten können und wohin uns das führen kann, beschreibt dieses Buch. Es ist ein Aufruf zum Leben in Liebe, Freude und Leichtigkeit.

Das Leben ist eine Chance, nutze sie!
Das Leben ist schön, bewundere es!
Das Leben ist ein Traum, verwirkliche ihn!
Das Leben ist eine Herausforderung, nimm sie an!
Das Leben ist kostbar, geh sorgsam damit um!
Das Leben ist Reichtum, bewahre ihn!
Das Leben ist ein Rätsel, löse es!
Das Leben ist ein Lied, singe es!
Das Leben ist ein Abenteuer, wage es!
Das Leben ist Liebe, genieße sie!

Mutter Teresa

Kinderwelt – Erwachsenenwelt – Menschenwelt

Kinder sind besonders. Sie sind vom allerersten Anfang an weder kleine Erwachsene noch unterentwickelte Tiere. Sie sind voll entwickelte Menschen, ganz nahe am wahren »Menschsein«. Ihre Art und Weise der Welt zu begegnen, alles in sich aufzunehmen und sich dem hinzugeben, was um sie ist, ist ganz einzigartig. In den ersten Lebensjahren handeln sie noch nicht bewusst, überlegen sich nicht, was sie tun wollen. Sie sind einfach da, präsent und aufmerksam. Es ist eine eigene Welt, die sie auf die Erde mitbringen und mit der sie uns bekannt machen. Diese Welt, in der Kinder sich aufhalten und ausprobieren, mitfühlen, und sich voll auf den offenen Prozess des Lebens einlassen, gilt es als *Kinderwelt* zu bewahren, zu beschützen – und uns davon als Eltern und Erwachsene inspirieren zu lassen.

Wir leben in unserer eigenen *Erwachsenenwelt,* in der wir »gelernt« haben zu denken, zu strukturieren, Dinge einzuschätzen, zu sortieren und zu bewerten. Wir haben durch unser Leben viele feste Vorstellungen darüber entwickelt, wie wir selbst, die Welt und die Menschen »funktionieren« – und halten gerne an diesen fest.

Unsere Wahrnehmungsmöglichkeiten sind durch unser Wissen und unsere Vorstellungen oft eingeschränkt. Wir denken zwar, dass wir bewusst handeln, merken dabei nicht, dass wir nicht selten in unseren erlernten und eingefahrenen Denkstrukturen steckenbleiben.

Das Leben ist für uns dadurch fest, planbar und geordnet geworden, hier fühlen wir uns auf sicherem Boden.

Kinder, die aus ihrer Kinderwelt kommen, fordern uns durch ihre Art und Weise sich in die Welt zu stellen, heraus. Sie stellen die Erwachsenenwelt infrage und sind neugierig darauf, wie sie funktioniert. Sie erschüttern unseren sichergeglaubten Boden! Wenn wir uns von der Kinderwelt ebenso inspirieren und anregen lassen wie Kinder von der Erwachsenenwelt, kann daraus eine neue, eine menschlichere Welt, eine *Menschenwelt hervorgehen*. Diese entsteht in Form einer *bewussten Kinderwelt*, die den Menschen in den Mittelpunkt stellt, sich mit Lust auf neue Wahrnehmungen einlässt und sich damit von festen Vorstellungen befreit. Das Leben haucht sich dann selbst wieder Lebendigkeit ein!

Grenzen überschreiten – neu denken

Pädagogik ist ein lebendiges Fachgebiet. Immer wieder verändert sich der Blickwinkel, und neue Erkenntnisse kommen hinzu. So hat sich vor einigen Jahren der Begriff der Ressourcenorientierung entwickelt, die den Blick nicht mehr auf Defizite und Schwächen von Menschen, sondern auf ihre Stärken richtet. Das war und ist ein wichtiger weiterer Schritt auf dem Weg, einen Menschen ganz in den Blick zu nehmen. Dies ist nur *ein* weiterer Schritt. Die Orientierung an den Ressourcen eines Menschen beruht auf der Annahme, dass jeder Mensch individuelle Fähigkeiten hat, die es wahrzunehmen und zu fördern gilt. Das Verständnis dessen, was eine Fähigkeit ist, stützt sich dabei meist auf das, was die Gesellschaft als präferierte Fähigkeiten einfordert: Es gibt einen allgemeinen Konsens darüber, was an Fähigkeiten benötigt wird, um ein »wertvolles Mitglied der Gesellschaft« zu sein.

Ein weiterer Weg, das »Fähigkeiten-Bild« des Menschen zu erweitern, kann durch den Fokus auf das, was ich an einem Menschen *schätze*, beschritten werden.

Hierbei richtet sich das Augenmerk darauf, was *ich* nach meinem *eigenen Bewertungsmaßstab* an einem anderen Menschen als wichtig und wertvoll erachte. Dieser Schritt ermöglicht einen persönlichen

Blick, der von *meinen eigenen* Werten geprägt ist, auf andere Menschen zu werfen. Dieser kann individuell und jederzeit frei erweitert oder verändert werden.

In diesem Buch werde ich noch einen Schritt darüber hinausgehen und die Grenzen unseres »normalen« oder »bisherigen« Denkens sprengen: indem ich sage, *dass jeder Mensch mehr ist als das, was ich in ihm sehe oder was ich als wertvoll erachte.*

Die Aufgabe der Pädagogik sehe ich heute darin, *jegliche Art von Bewertungen vollkommen loszulassen* – indem ich sie mir ganz bewusst mache und mich damit von einem festen »Bild« eines Menschen löse.

So kann die einseitige Beurteilung nach »Gutem« und »Schlechtem« überwunden werden, und wir können uns dafür öffnen, den ganzen Menschen *im Augenblick* wirklich wahrzunehmen: *so, wie es uns die Kinder am Anfang ihres Lebens vormachen.*

Dann erleben wir uns im *Sein* – und *sind* einfach.

(Das reicht vollkommen!)

1
Das Leben meint es gut mit uns – und schickt uns Kinder
Was bringen Kinder in die Welt?

Liebe

Wo Kinder sind, hebt sich die Stimmung; Menschen fangen an zu lächeln und sich zu entspannen. Auch wenn wir mit kleinen Kindern unterwegs sind, in den Bus einsteigen, wildfremden Menschen begegnen, zaubert die Begegnung mit einem Kind vielen Menschen ein Lächeln ins Gesicht. Die Stimmung verändert sich, wird freundlicher, spielerisch und liebevoll.

Die Menschen spüren, dass jedes Kind etwas Besonderes mitbringt. Oft kommen Erinnerungen an die eigenen Kinder oder an Kindheitserlebnisse. Es ist wie ein Stück »Himmel«, der plötzlich sichtbar wird. Auf einmal öffnen sich die mürrischsten Menschen und zeigen einen Teil von sich, der verborgen war und nun an die Oberfläche drängt.

Warum hebt sich die Stimmung und warum werden wir beschwingter und leichter, wenn wir kleinen Kindern begegnen?

Kinder begegnen uns offen, vorurteilsfrei und sehr interessiert. Sie haben noch keine Bilder, keine Vorstellungen, wie das Leben zu sein hat, sondern lassen sich ganz auf die Welt um sie herum ein. Kleine Kinder in den ersten Lebensjahren bewerten nichts, sondern freuen sich an allem, was ihnen begegnet. Für sie gibt es kein Gut oder Schlecht, kein Richtig und Falsch, sondern »es ist einfach, wie es ist«. Sie treten mit allem und jedem in Kontakt und haben keine Hemmungen, ihre Wahrnehmungen auszudrücken. (Nicht umsonst heißt es: »Kindermund tut Wahrheit kund.«) Kinder leben ganz im Augenblick und machen sich keine Gedanken darüber, was war oder kommen könnte. Ihre Haltung und Umgangsweise mit der Welt ist geprägt von

Grundvertrauen, Freude, Leichtigkeit und Liebe und so in ihrer Absolutheit nur mit Heiligen oder Weisheitslehrern vergleichbar.

Woher kommt diese Hingabe an die Welt und diese »heilige« Haltung der Kinder? Was ist deren Ursprung oder Ausgangspunkt?

Viele Menschen wünschen sich irgendwann im Laufe ihres Lebens Kinder. Ihnen ist klar, dass ein Kind nicht zu kaufen ist und dass sie sich kein spezielles Kind, das ihren Vorstellungen entspricht, aussuchen können. Kinder sind ein Bedürfnis, das über unser materielles Denken hinausgeht, welches dem Grundsatz: »Ich wähle aus, wie etwas zu sein hat« folgt. Bei diesem Bedürfnis werden die Grenzen unseres »normalen« Denkens überschritten, das geprägt ist von Urteilen, Vorstellungen, Bewertungen und dem Bedürfnis nach Kontrolle. Kein Mensch weiß oder kann beeinflussen, welches einzigartige Kind da in das eigene Leben tritt. Und trotz dieses unvorstellbaren »Risikos« lassen sich viele Menschen darauf ein und wünschen es sich aus tiefstem Herzen. Warum?

Ich glaube, dass alle Menschen in irgendeiner Form wissen, dass ein Kind das eigene Leben unfassbar bereichert, und es die Menschen in seinem Umfeld liebt, wertschätzt und sie ganz so annimmt, wie sie sind. Das ist in der Regel in den ersten 14 Lebensjahren so, und auch in den Jahren danach sind die Eltern und ihre Einschätzungen immer noch sehr wichtig, auch wenn die Jugendlichen diese Wertschätzung oft nicht mehr sichtbar ausdrücken können.

Trotzdem wird über diese »Kinderliebe« (die Liebe der Kinder zu ihren Eltern) kaum gesprochen. Selbst Kinder, die misshandelt oder denen Gewalt angetan wurde, wollen in jungen Jahren oft unbedingt bei ihren Eltern bleiben und sie nicht verlassen. Die Liebe der Kinder zu ihren Eltern ist so umfassend, dass sie ihre ganze Kraft und Energie investieren, um zu lieben. Dazu steht die Liebe der Eltern für ihre Kinder in keinem Verhältnis, denn sie tritt im Laufe der Jahre, in denen das Kind älter wird, stetig in den Hintergrund. Stattdessen drängen sich oft Schwierigkeiten und Probleme in den Vordergrund.

Die Liebe der Kinder zu den Menschen in ihrem nächsten Umfeld ist so unverbrüchlich, dass diese als wunderbarer Keim des Menschseins bezeichnet werden darf.

Die allermeisten von uns sind entstanden aus einem Augenblick, in dem sich zwei Menschen einander vollkommen hingegeben haben, das ist der Ausgangspunkt jedes Menschseins. Zwei Menschen, die in Beziehung treten, lieben sich und daraus entsteht etwas Neues, etwas ganz Einzigartiges: ein neuer Mensch, der Teil seiner Eltern und doch ganz individuell ist.

Bei der Entwicklung des Fötus im Bauch der Mutter ist beim Ultraschall das Herz das erste, was man sehen kann. Daraus entwickelt sich alles andere, etwa die Hände oder der Kopf mit dem Gehirn. Das Herz ist der Ursprung. Es ist das Symbol für Gefühle, Liebe, Hin- und Zuwendung. Über das Herz kann jede und jeder den Zugang zu sich selbst und seinen Mitmenschen finden.

Alle Menschen kommen mit einem »offenen« Herzen auf die Welt, bereit, sich der Welt zu schenken und sich allem Unbekannten zuzuwenden. Wenn jemand mit offenem Herzen, und damit *in Verbindung mit sich selbst und seinen Gefühlen*, auf uns zukommt, kann sich auch bei uns etwas öffnen: Es entsteht Wärme, Zuwendung und Offenheit für alles, was kommt.

Das Ankommen eines Kindes ist spektakulär, kaum greifbar, ein unglaublich faszinierendes Wunder. Der Geburtsweg fordert von der Frau, ganz loszulassen, die Kontrolle über das, was sich entwickelt, abzugeben – und dem Lauf des Lebens zu vertrauen. Es ist im wahrsten Sinne des Wortes ein Übergang, eine Art Einweihung, bei dem die bisherigen Grenzen weit überschritten werden.

Und dann ist das Kind da. Am Anfang seines Lebens ist es ganz mit dem Ankommen in die Welt und seinem Körper beschäftigt. Es ist sehr stark auf seine Sinne, das Hören, Sehen, Riechen, Schmecken und Fühlen angewiesen. Dabei nimmt es alles auf, was von außen an es herantritt und unterscheidet nicht zwischen sich selbst und der Welt – alles ist für es Eins.

Kinder lassen sich »berühren« von den Menschen, gehen mit offenem Herzen in die Welt und sind Botschafter der Liebe, des Vertrauens, der Beziehung und der Entwicklung. Als wahre Fachleute der Hingabe, der Freude, der Leichtigkeit. leben sie die Liebe aus, die sie mitgebracht haben, und bringen sie hier auf der Erde ein. Erwachsene hingegen entwickeln sich meist zu Fachleuten der materiellen Welt, der Strukturen, der Aufgaben, der Kontrolle.

Am Ende des Lebens kommen viele Menschen an den Ausgangspunkt des Lebens zurück. Sterbende, die die Chance haben, nochmals auf ihr Leben zurückzublicken, bedauern oft, dass sie zu wenig geliebt, sich zu wenig Raum für befruchtende Beziehungen genommen, die Liebe zu wenig gelebt und zu wenig auf sich selbst und andere Menschen geachtet haben. Kaum jemand bedauert, zu wenig Geld verdient oder zu wenige Geschäftsreisen unternommen zu haben…

»Wenn ich immer tun würde, was man von mir erwartet, dann würde irgendwann auf meinem Grabstein stehen: Mein Leben hat allen gefallen, nur mir nicht!« *(Verfasser unbekannt)*

Kinder sind ein Segen für die Welt, weil sie die Hoffnung in sich tragen, dass sich Liebe und Menschlichkeit durchsetzt. Sie sind ein Segen, weil sie deutlich machen, auf was es ankommt, was wirklich zählt und was wir in unserem Erwachsenen-Alltag leider längst vergessen haben.

Kinder rufen uns auf, unsere Herzen weit zu öffnen, in Kontakt mit uns selbst und mit unseren Mitmenschen zu treten und die Liebe fließen zu lassen.

Beziehung

Liebe entfaltet sich in einer Beziehung. Eine Beziehung entsteht aus einer lebendigen Begegnung zwischen Menschen, die bereit sind, sich mit neugierigem Interesse gegenseitig wahrzunehmen – und bewusst in Kauf nehmen, möglicherweise ganz verändert aus einer solchen Begegnung hervorzugehen.

Beziehungen sind der Ort, wo Liebe sichtbar und spürbar wird. Liebe, nur als rein theoretisches Bekenntnis oder bloß in Worten, wird weder spürbar noch erreicht sie unser Gegenüber. Die Beziehung und die Liebe können sich in diesem Fall nicht entfalten.

Kinder bringen Göttliches in die Welt, verbunden mit dem Angebot, sich in einer echten Ich-du-Beziehung – von Subjekt zu Subjekt – zu begegnen.

Sie sind von Anfang an darauf ausgerichtet in Beziehungen zu gehen und ihre Liebe spürbar zu entfalten. Für sie heißt Leben in Beziehung treten. Dabei gehen Kinder ausnahmslos davon aus, dass es die Erwachsenen *genauso* tun.

Beziehung heißt für Kinder, anderen auf Augenhöhe zu begegnen und dabei stets in Verbindung mit sich selbst zu sein. Das könnte bei einer Begegnung ohne Worte so lauten: »Ich schätze dich wie du bist und freue mich, dich kennenzulernen! Lass uns gemeinsam weitergehen und uns weiterentwickeln!« Ganz in der offenen Haltung eines Grundvertrauens in ihr Gegenüber: »Du meinst es gut mit mir!«

Kindern liegt es fern, irgendetwas an ihren Mitmenschen zu kritisieren oder gar ihre Worte nicht ernst zu nehmen. Sie übernehmen das, was wir zu ihnen sagen. Im Extremfall kann dies bedeuten, dass sie die Verbindung zu sich selbst durchtrennen, um festgefahrene Bilder der Erwachsenen, die diese mit sich herumtragen, zu übernehmen.

Kurzum: Kinder akzeptieren ihr Gegenüber einfach so, wie es ist. Und zwar ohne Bewertungen wie: »Der nimmt mir immer alles weg« oder festen Vorstellungen wie: »So hat sich mein Vater zu verhalten.«

Eine gute Kind-Eltern Beziehung birgt einen großen Schatz. Nirgendwo bestehen so ideale Voraussetzungen dafür, dass sich Menschen in Liebe begegnen und miteinander wachsen können. Kinder bringen alle Bedingungen dafür mit. Sie sind im Einklang mit sich und ihrem Herzen, drücken unmittelbar aus, was sie brauchen, und akzeptieren und lieben ihre Eltern so, wie sie sind. Sie lassen sich mindestens vierzehn Jahre vollkommen auf ihre Eltern ein und verlassen sie nicht!

Trotz dieser idealen Bedingungen ist es keine Selbstverständlichkeit, dass Kinder die Nähe erfahren dürfen, die sie brauchen. Und für die Eltern ist es ebenso keine Selbstverständlichkeit, dass sie ihre Liebe umsetzen können und die Liebe der Kinder spüren dürfen – auch wenn sie mit den allerbesten Absichten in die Beziehung mit ihrem Kind gehen. Warum?

Weil Eltern oft verlernt haben, liebevoll mit sich selbst umzugehen.

Möglicherweise haben sie in ihren festen Vorstellungen gespeichert, dass sie so, wie sie sind, nicht in Ordnung sind. Und nun wollen sie mit ihrem eigenen Kind unbedingt alles besser machen. Andere haben die Vorstellung von einer sogenannten Rama-Familie (wo immer die Sonne scheint und alle glücklich sind) im Kopf, wenn sie an ihr eigenes Kind denken. Andere wiederum, die unzufrieden sind mit sich und ihrem Leben, wollen, dass das Kind ihre nicht erreichten Lebensziele verfolgt.

Wie dem auch sei: Das Leben wird mit der Ankunft eines Kindes völlig auf den Kopf gestellt, und zwar so umfassend, dass es jedes Vorstellungsvermögen sprengt.

Ein Kind zu bekommen, bietet für Eltern und Bezugspersonen die große Chance eines Neuanfangs. Der Liebe und Offenheit, die neugeborene Kinder mitbringen, kann *niemand* mit menschlichem Seelenkostüm widerstehen.

Jeder Mensch, der Geburtsprozesse begleitet, weiß um die Tiefe, die Unmittelbarkeit des Mystischen, die Präsenz und die kraftvolle Bewegung, die darin stecken.

Der Geburtsprozess schon gibt ein Gefühl für die kommende Veränderung und ist ein Vorbild dafür, wie Beziehungen zukünftig stattfinden können. Mutter und Kind sind aufeinander angewiesen, aufeinander bezogen, voneinander abhängig. Sie können die bevorstehende Aufgabe nur dann lösen, wenn sie aufeinander hören, sich gegenseitig wahrnehmen und aufs engste zusammenarbeiten. Für die Frauen sind es hohe Wellen, die sie im Geburtsvorgang überspülen, die das Tempo bestimmen und den Rhythmus vorgeben. Wenn eine Frau es schafft, sich diesem Geburtsprozess bedingungslos hinzugeben und alles loszulassen, dann kann es fließen – weil sie die Kontrolle abgegeben hat. Mutter und Kind geben sich dann dem gemeinsamen Prozess des Lebens, der Beziehung hin.

Danach folgt die Umsetzung in den Alltag, ins ganz konkrete Handeln, ins Tun. Jede Frau ist dabei völlig frei in dem, wie sie es tut. Klar ist jedoch, dass in dieser Phase Impulse gesetzt werden, in welche Richtung sich die Beziehung zum Kind entwickeln kann.

Hilfreich für Eltern und Bezugspersonen von Kindern ist, dass sie die Herausforderungen, die sich im Zusammenleben mit Kindern ergeben, annehmen, an sich selbst arbeiten – bei sich selbst beginnen. Hierbei ist es hilfreich, sich selbst Fragen zu stellen, etwa: »Woran merkt mein Kind, dass ich es liebe?«, »Achte ich auf mich?« oder »Nehme ich mein Kind und mich selbst ernst?«

Kinder sind bei der Anregung solcher Fragen sehr hilfreich! Denn sie sind in der Beziehung überaus geduldig und weisen uns immer wieder weisheitsvoll auf unsere Schattenseiten hin, wenn wir ihnen lauschen. So könnten wir »hören«: »Schau doch da einmal liebevoll hin…«, »An welchem Bild von dir hängst du denn gerade fest…« oder »Was hast du denn, du bist doch geliebt, so wie du bist…«

Das macht das Leben mit Kindern unglaublich spannend, lehrreich und bereichernd!

Ein Beispiel, wie ein Kind uns dazu bringt, uns selbst zu betrachten und uns weiterzuentwickeln:

Jonas, drei Jahre alt, hat einen kleinen glitzernden Stein auf dem Boden entdeckt, den er genau betrachtet. Dann hüpft er begeistert mit dem Stein zu seinem Vater Lukas, der gerade hochkonzentriert ein Regal montiert.

Jonas hat für sich eine spannende Entdeckung gemacht, er ist ganz bei sich und will diese Freude mit seinem Vater teilen. Er ist im Einklang mit sich und mit dem, was ihm wichtig ist. Jonas macht sich keine Gedanken darüber, ob er seinen Vater stört oder der Zeitpunkt ungünstig sein könnte.

Der Vater, Lukas, erhält nun ein Beziehungsangebot und wird vor die Frage gestellt, wie er damit umgehen will. Er muss dazu mit sich selbst in Kontakt treten, herausfinden: »Was will ich denn jetzt?« und das Beziehungsangebot von Jonas wahrnehmen. Dann muss er entscheiden, was für ihn im Augenblick Priorität hat und entsprechend handeln.

In diesen Prozess wäre er ohne Jonas´ Angebot nicht hineingekommen. Denn Jonas, der ganz mit sich selbst verbunden ist, fordert Lukas nun heraus, mit sich selbst in Verbindung zu treten und in diesem Moment für sich selbst zu sorgen. Und dann möchte Jonas auch eine Rückmeldung haben. Gar nicht so einfach, wenn man gerade ein kompliziertes Regal montiert.

Durch die Art und Weise, wie der Vater nun die Rückmeldung gibt, lernt Jonas, ob es okay war, seine eigenen Wünsche oder Herzensangelegenheiten zu äußern oder eben nicht. Lukas lernt sich kennen: »Bin ich bei mir oder nicht? Sehe ich dich oder nicht? Konnte ich befriedigend handeln?«

Es folgen Beispiele, die das verdeutlichen sollen:

Möglichkeit 1: Lukas lehnt das Beziehungsangebot ab.

Lukas sagt zu Jonas, weil er sich ärgert, dass er aus seiner Arbeit gerissen wurde und das Regal so schwierig zu montieren ist: »Du bist ein Quälgeist. Nie lässt du mich in Ruhe arbeiten.«

Lukas überträgt seinen Ärger auf seinen Sohn, ist nicht in Verbindung mit sich selbst, seinem Ich, um das Beziehungsangebot annehmen zu können. Im Gegenteil: Lukas lehnt das Beziehungsangebot in diesem Fall klar ab. Jonas erfährt damit, dass seine Herzensangelegenheit, die Freude über die Entdeckung zu teilen, nicht erwünscht und nicht in Ordnung ist.

Kinder können nicht differenzieren, ob sich der Ärger und die Abwertung ihrer Wünsche auf sie beziehen oder ob das in erster Linie mit ihren Eltern, hier Lukas, zu tun hat. Nein, sie übernehmen und übertragen das von Lukas erzeugte Bild (Quälgeist) auf sich selbst.

Wenn sie im Laufe ihrer Kindheit immer wieder solche Abwertungen erfahren, lernen sie daraus, dass sie nicht in Ordnung sind, obwohl sie jedes Mal in inniglichster Verbindung mit ihrem Herzen standen. Der Blick Erwachsener auf Kinder wirkt bei ihnen wie ein Spiegel, in dem sie sich selbst wahrnehmen. Sie sehen sich so, wie wir Erwachsenen sie sehen!

Möglichkeit 2: Lukas nimmt das Beziehungsangebot sich selbst vergessend an.

Lukas lässt nun alles stehen und liegen, steigt von der Leiter herab und wendet sich ganz Jonas und seinem Stein zu. Lukas denkt vielleicht:

»Super, dass mir Jonas eine Pause vom Regalmontieren schafft. Ich mache nachher weiter.«

Es kann aber auch so sein, dass Lukas ein guter Vater sein will und meint, immer auf alle Bedürfnisse und Wünsche seines Sohnes eingehen zu müssen. Seine eigenen Bedürfnisse müssen dann ohne Murren zurückstehen und übergangen werden. Von außen betrachtet, wendet er sich ganz seinem Sohn zu, innerlich denkt er möglicherweise: »Nie kann ich in Ruhe meine Arbeit machen!« Jonas wird das sofort merken und die innere Botschaft von Lukas wahrnehmen.

Die Rückmeldung, die Jonas dann zu seinem Beziehungsangebot erhält, ist sehr zwiespältig: Einerseits wendet sich ihm sein Vater voll und ganz zu, andererseits spürt er, dass der Vater unzufrieden ist. Diese Unzufriedenheit bezieht Jonas auf sich, wie es alle Kinder in solchen Situationen tun.

Das verwirrt Kinder, denn sie gehen (bis etwa zum vierten Lebensjahr) stets davon aus, dass Handeln und Reden immer mit den Bedürfnissen und dem Innersten eines Menschen übereinstimmen. Sie kennen es schlicht von sich selbst nicht anders.

Möglichkeit 3: Lukas nimmt das Beziehungsangebot an, sorgt aber auch für sich selbst.

»Jonas, ich bin gerade mit dem Regal beschäftigt, ich schaue mir deinen Stein gerne später an…«

Da wäre Jonas wahrscheinlich enttäuscht oder ärgerlich gewesen und hätte zugleich eine Rückmeldung erhalten, wie ein Erwachsener für sich selbst sorgen kann – ohne sein Gegenüber abzuwerten oder zu verwirren – und dass Jonas´ Anliegen einen Platz erhält, nur eben ein bisschen später. Jonas hätte erfahren, dass er so, wie er ist okay ist und sein Vater auch eigene Wünsche und Bedürfnisse hat, die mit seinen nicht übereinstimmen. So kann eine befriedigende Lösung gefunden werden, auch wenn ein paar Abstriche hingenommen werden müssen.

Kinder öffnen für uns die Schatztruhe der Erkenntnis und vor allem die der Selbsterkenntnis – ein unschätzbarer Dienst auf dem Weg zum befriedigenden Menschsein mit Liebe und fruchtbaren Beziehungen.

Wie es nun gelingen kann, die liebevollen Impulse der Kinder ins Alltagsleben aufzunehmen und sich gemeinsam weiterzuentwickeln, beschreibe ich in den nächsten Kapiteln.

Individualität

Jeder neugeborene Säugling ist bereits ein vollwertiger und einzigartiger Mensch. Diesem Satz können die allermeisten Menschen, wenn sie gefragt werden, zustimmen. Trotzdem richten sie ihre Handlungen oft nicht danach aus. Warum? Weil die von Generation zu Generation an uns weitergegebenen Vorstellungen vom Wesen eines Kindes in uns auch heute noch intensiv nachwirken.

So war es vor 60 Jahren üblich, Säuglinge wie Maschinen nach einer »Betriebsanleitung« zu behandeln. Die Fütterung fand nach einem festen Zeitplan statt. Beim Wiegen wurde das Gewicht ermittelt und bei Bedarf nachgefüttert, wenn es nicht der Norm entsprach – oder die Ration reduziert, wenn das Gewicht zu hoch war. Neugeborene wurden ihren Müttern nach der Geburt weggenommen. Erst nach 24 Stunden durften sie miteinander, meist unter Aufsicht, wieder in Kontakt kommen.

Kinder wurden damals eher als lebende Objekte verstanden. Diese galt es zu bearbeiten, damit sie sich gemäß den damaligen Vorstellungen zu prächtigen Menschen entwickelten. Was Kinder an individuellen Anlagen mit auf die Welt brachten, was für das einzelne Kind in seiner Entwicklung und seiner Einzigartigkeit wichtig war: Das wurde oft wenig beachtet.

Heute ist solch ein eingeschränkter Blick teilweise immer noch in den Köpfen vorhanden. Daraus entsteht der Gedanke: Kinder sollen irgendwie funktionieren. Doch Kinder sind keine lebendigen Roboter, die dressiert und trainiert werden können, damit sie zu ordentlichen, funktionierenden Menschen werden. Sie sind weder »black boxes«, die von uns gefüllt werden müssen, noch unreif. So werden sie in der biologischen und medizinischen Fachliteratur allgemein als »physiologische Frühgeburt« eingeordnet.

Solche an einem vermeintlichen kindlichen Defizit orientierten Vorstellungen unterstützen die Haltung, Kindern würde noch etwas fehlen, wenn sie hier auf der Erde ankommen. Stimmt das?

Nein, das Gegenteil ist der Fall. Ihnen fehlt nichts: Sie sind vollwertige geist- und seelenverbundene Menschen und verkörperte einzigartige Wesen.

Sie sind von Anfang an kompetent, sozial und voller Liebe, die sie hinüberfließen lassen an alle, die mit ihnen zusammen sind – egal, ob diese es wahrnehmen, es wollen oder nicht.

Sie lassen sich auf Menschen und Begegnungen, auf Erfahrungen und das Leben ein, offen und vertrauensvoll. Ihre Herzenswärme, ihr liebevoller Blick auf alles um sie herum ist Teil eines göttlichen Funkens, den sie mit auf die Welt bringen und der hier wirken soll!

Leider neigen wir immer noch dazu, Kinder in ihrer Einzigartigkeit nicht ernst zu nehmen. So werden sie zum Beispiel reduziert auf eine Art, die – wie in der Tierwelt – artgerecht versorgt werden muss – und zwar alle gleich. Der Blick auf Kinder wird dadurch einseitig und fokussiert sich auf den Teil ihres rein materiellen und durch die Evolution vorgeprägten Daseins. Sie werden in die Vorstellungswelt von Erwachsenen hineingepresst – und zu rein bedürfnisorientierten Wesen vereinfacht. Kategorisierungen erlauben uns zwar, das Leben grob zu strukturieren und allgemein zu beschreiben. Sie können aber niemals die unmittelbare Erfahrung und echte Begegnung mit einem Menschen ersetzen. Selbstverständlich haben Kinder Bedürfnisse nach Nähe und Zuwendung, nach Nahrung und Aufmerksamkeit! Doch sind sie viel, viel mehr: einzigartige Individuen, die mit ihrem einzigartigen göttlichen Funken die Welt befruchten.

Der Mensch, das geistige Wesen, das als Mensch inkarniert, bringt etwas mit auf die Welt, was einzigartig ist, nämlich sich selbst.

Kinder machen uns ihre Beziehung zu uns zum Geschenk. Wie bei jedem von uns geliebten Menschen gehört dazu, dass wir an seinen Gefühlen – seiner Freude, Fröhlichkeit, Lebendigkeit, Trauer, Wut, Ärger und Ängsten – in allen Variationen, teilnehmen dürfen.

Schon kleine Kinder, die noch damit beschäftigt sind, in ihrem physischen Körper anzukommen, leben mit der vollen Bandbreite der Gefühle des menschlichen Lebens – ohne dass sie sie sprachlich benennen können. Uns gegenüber drücken sie ihre Gefühle nonverbal und teils in voller Lautstärke zu jeder beliebigen Tages- oder Nachtzeit aus. Das kann auch noch im Alter von zwölf Jahren vorkommen!

Unsere Vorstellung eines immer glücklichen Kindes und der damit verbundene Anspruch, stets irgendwie dafür zu sorgen, dass es dem Kind im Falle eines Gefühlsausbruchs nach unserer Intervention auf der Stelle wieder gutgeht, dürfen restlos losgelassen werden.

Jedes Kind ist von Anfang an ein eigenständiger Mensch, der es genießt, mit uns in Beziehung zu treten, der begleitet werden will und doch von Anfang an sein Leben ganz individuell und selbstbestimmt gestaltet.

Viele Menschen wünschen sich ein Kind und haben eine Idee, wie es sein wird und wie es ihr Leben bereichern könnte. Doch sie können nicht in ein Kaufhaus gehen und sich das für sie passende Kind aussuchen. Trotzdem wagen sie dieses Abenteuer und erhalten ihr ganz individuelles Kind, mit dem sie sich auf ein gemeinsames Leben einlassen.

Eltern sind fast ausnahmslos beglückt, wenn sie ihr Kind das erste Mal sehen! Sie lassen sich auf den Prozess des gegenseitigen Kennenlernens und des neuen Lebens mit Freude ein, lassen sich von ihrem Kind berühren und fragen: »Wer bist du?« Sie geben damit ihrem Kind einen Raum: Raum für das Individuelle, anstatt nur einen Säugling zu sehen.

Schnell merken sie, dass sich das Individuelle bei jedem Neugeborenen anders zeigt: am Aussehen, an der Art des Trinkens, der Kontaktaufnahme, der Ruhe oder Unruhe und so weiter! Indem Eltern ihren Kindern Namen geben, schaffen sie den Kindern einen Raum, um ihr Eigenes, ihre unabhängige Person zu entwickeln. So kann im Laufe der Zeit jeder Erwachsene aus der Umgebung die mit dem Namen verbundenen Qualitäten beschreiben: »Typisch Lydia!«, »Ganz der Max!« und so weiter.

Sowohl der Körper als auch die Seele und der Geist sind ganz individuell: *Es gibt keine zwei identischen Menschen!*

Es bedarf einer konkreten persönlichen Beziehung, um Liebe aufnehmen und damit sich und die andere Person ganz spüren zu können. Liebe entwickelt sich ausschließlich im persönlichen menschlichen Kontakt. Die Möglichkeit, einfach einen »Eimer Liebe« über ein Kind auszuschütten, gibt es nicht.

Die Kraft persönlicher Beziehungen kann nach und nach auf die Welt ausstrahlen – übersprudeln wie eine Quelle, die aus liebevollen Handlungen unter Menschen entspringt. Aus der Quelle wird ein Bach, dann ein Fluss, der schließlich ins Meer fließt und als Regen wieder zur Erde fällt. Der wiederum lässt Quellen sprudeln, weitere Keimlinge nähren sich und wachsen. Ein unaufhörlicher Prozess vom ganz Kleinen zum Großen und wieder zurück.

Jede liebevolle Begegnung verändert und befruchtet die Welt. Auch deshalb lohnt es sich, sich von Kindern und ihrer Liebe inspirieren zu lassen und sich auf einen spannenden Prozess mit ihnen und vor allem auch mit sich selbst einzulassen!

Kinder sind göttliche Geschenke, die uns und die Welt verwandeln können!

Vom Denken zum Handeln aus dem Herzen

Die Eltern-Kind-Beziehung und das Zusammenleben mit Kindern in den ersten 15 bis 20 Lebensjahren bieten sehr viele Möglichkeiten, Liebe wachsen zu lassen und sich selbst weiterzuentwickeln.

Leider ist dies für Eltern kein Automatismus, der sich allein durch das Zusammensein mit Kindern vollzieht. Es geht auch nicht vorwärts, wenn wir Kindern bloß durch sprachliche Liebesbeteuerungen versichern, wie sehr wir sie lieben. Liebe nur zu denken, hilft nicht unbedingt, denn das Denken kann sich auf hohem Niveau und unendlich lange tatenlos abspielen.

Wir sind auf der Erde materielle Wesen, die hier sind, um mit all unseren Möglichkeiten zu handeln und uns weiterzuentwickeln.

Kinder sind Vorbilder für das Handeln, denn sie erfassen und erfahren die Welt in den ersten Jahren im wesentlichen durch ihr Tun.

Über unsere Aufmerksamkeit, die wir Kindern und ihrem Tun entgegenbringen, können wir von unseren Kindern sehr viel lernen: wie wir Dinge tatsächlich be-greifen können, wie wir unseren Körper be-handeln und uns selbst spüren –wie wir also durch konkretes Tun in Verbindung mit allen unseren Sinnen und unserem gesamten Körper ein Ziel verfolgen können! Und wie wir dabei unser Herz, unsere Intuitionen und den Zugang zu uns selbst spielerisch erforschen und ins Handeln einbringen können. Kinder wissen von keinen Einschränkungen, sie orientieren sich nicht am Wissen – dem eingeschränkten Denken –, sondern halten alles für möglich. Sie haben eine andere Art, das Leben zu betrachten: nicht logisch oder wissensbasiert. Jenseits davon liegt ein Land voller Möglichkeiten, ein Land, durch das uns der Kompass in unserem Herzen führt und leitet.

Denken, Fühlen und Wollen möchten in diesem Prozess wieder miteinander verbunden werden; oder anders ausgedrückt: Kopf, Herz und Hand können dadurch neu in Verbindung gebracht werden.

»Der Mensch lernt das Menschsein am Kind.«

2
Wie können Kinder Erwachsene bereichern? Wie können Erwachsene mit Kindern groß werden?

Erste Schritte: Raum für Freude und Beobachtung

Kinder befinden sich von Anfang an und ganz selbstverständlich in einem inneren und äußeren Wachstumsprozess. Erwachsene können gemeinsam mit ihren Kindern noch wachsen, wenn sie sich auf diese spannende Beziehung einlassen. Sie werden Neues für und an sich entdecken und die Welt neu wahrnehmen.

Sich freudig auf Kinder einlassen

Voraussetzung ist, sich ganz auf die eigenen Kinder einzulassen, vor allem sich darüber zu freuen, dass sie da sind und zu uns gehören. Kinder sind kein Projekt, das bearbeitet werden muss, sondern Kinder wünschen sich, dass wir uns voller Freude und spielerischer Leichtigkeit auf eine lebendige Beziehung mit ihnen einlassen und das Leben genießen.

Das hört sich zunächst nicht besonders schwierig an und ist doch im Alltag oft nicht einfach umzusetzen. Wir Erwachsenen sind es gewohnt, in einer Art Alltagsmodus zu versuchen, unsere Umwelt zu managen oder anders gesagt: allen Aufgaben bestmöglich gerecht zu werden. In diesem Prozess besteht die Gefahr, das Wesentliche, die Beziehungen zu anderen Menschen und zu unseren Kindern aus den Augen zu verlieren – und vor allem das, was uns selbst wirklich wichtig ist in unserem Leben. Wie kommen wir dann wieder zum Wesentlichen unseres Lebens zurück?

Raum schaffen

Für Eltern ist es wichtig, Raum und Zeiten zu schaffen, in denen sie sich aus dem strukturierten Alltag lösen können, um ihre Kinder wirklich wahrzunehmen und eine echte Begegnung zu schaffen; sie so zu sehen, wie sie sind, vollkommen und gut genug, ohne Macken und Fehler. Dann kann es gelingen, hinter dem vielleicht schwierigen und anstrengenden Verhalten das Wesen des Kindes zu sehen und es – auch in schwierigen Situationen – als Geschenk, als Liebesbotschafter zu betrachten. Im Alltag bewerten wir Kinder oft, weil sie nicht nach unserer Vorstellung funktionieren. Diese Bewertungen stören den Blick auf die Einzigartigkeit des Kindes – und letztlich auch auf uns selbst. Bewertungen engen die persönliche Welt ein, machen diese starr und unbeweglich, ja oberflächlich. Sie verhindern Offenheit der Welt und den Menschen gegenüber.

Jeder Mensch hat das Bewerten im Lauf seines Lebens irgendwann entdeckt oder von anderen übernommen – und ist dennoch völlig frei, seine Bewertungen zu hinterfragen, sich gründlich mit ihnen zu beschäftigen und sich von ihnen zu lösen.

Echte Freude und Offenheit zulassen

Einem Kind mit Freude und Offenheit zu begegnen, ist die Voraussetzung, um mit uns selbst und jedem Kind in einen wirklichen Kontakt zu treten und uns an und mit ihm zu freuen und zu entwickeln.

Doch darf: »Ich muss mich jetzt über mein Kind freuen!« keine verordnete Pflicht oder Regel der Erwachsenen sein. Kinder bemerken ganz genau den Unterschied, ob ich etwas aus (auch selbst verordneter) Pflichterfüllung tue oder im Einklang mit mir selbst.

Jede Erwachsene entscheidet völlig frei, im Rahmen ihrer ganz persönlichen und immer vorhandenen Handlungsmöglichkeiten, ob sie sich Raum schafft, ihrem Kind mit Freude und Offenheit zu begegnen, und ob sie an dem interessiert ist, was das Kind in die Welt mitbringt.

Sie kann ihr Interesse darauf richten, wie sich ihr Kind in die Welt hineinstellt, wie es dort handelt, welche Schritte es in der Welt unternimmt, und sich am Kind und gemeinsam mit ihm freuen. In diesem Prozess kann sich eine Offenheit für das einzigartige Wesen des Kindes entwickeln und feststehende Bewertungen und starre Vorstellungen können sich lösen. Es gelingt, dieses Kind zu sehen, auch wenn es sich ganz anders entwickelt, als es sich die Erwachsene gewünscht oder erwartet hat.

Beobachtung

Eine genaue Beobachtung ist ein weiterer Schritt, um sich dem Kind in seinem Wesen zu nähern. Ich kann mir die Fragen stellen: »Wer bist du?«, »Wo kommst du her?«, »Was bringst du mit?«

Diese Fragen werden nicht durch unser eigenes Nachdenken in Erwartung eines »Geistesblitzes« beantwortet. (Oft sind sogenannte Geistesblitze nur aufgewärmte eigene Vorstellungen.) Vielmehr antworten Kinder aktiv auf diese Fragen, aber in ganz anderer und für uns ungewohnter Weise: nämlich mit ihrem Tun! Wir können Antworten auf unsere Fragen erhalten, wenn wir sie aktiv und intensiv beobachten und in ihrem Verhalten und ihren Handlungen wahrnehmen.

Hilfreiche Fragen bei der Beobachtung können beispielsweise sein: »Wie verhältst du dich?«, »Wie drückst du Freude aus?«, »Wie gehst du in den Tag?«, »Wie nimmst du Kontakt auf?«, »Wie gehst du mit Hunger und Durst um?«, »Wie schreist du?«, »Wie verdeutlichst du, was dir wichtig ist?«, »Wie bewegst du dich?«, »Wie spielst, wie arbeitest du?«, »Wie kommst du zur Ruhe?«, »Wie gehst du mit Nähe, mit Distanz um?«, »Wann und wie genießt du Körperkontakt?«, »Wie gehst du mit Frustrationen um?«, »Wie und wann ärgerst du dich?«, »Wie gehst du mit Trennung um?«, »Wie gehst du mit anderen Menschen um?«, »Wie begegnest du Kindern?«, »Wie verhältst du dich beim Wickeln, beim Anziehen…?«

Wenn wir uns diese Fragen stellen, geht es immer um das Wie: »Wie machst du das?« Die Antwort können wir finden, indem wir entspannt und gut in uns selbst verankert das Tun unseres Kindes betrachten. Der Blick richtet sich auf das Verhalten und die Handlungen unseres Kindes.

Wir können die unterschiedlichen Herangehensweisen betrachten, die bei der Lösung von Aufgaben gewählt oder verworfen werden. Wenn wir versuchen, immer genauer wahrzunehmen, werden wir die verschiedensten Blickwinkel auf das Kind einnehmen, und – mit etwas Übung – werden wir in der Lage sein, unser Kind, unabhängig von unserem Bild, immer besser wahrzunehmen und darüber hinaus Entwicklungen und Veränderungen zu erkennen.

Dennoch können sich Erwachsene dem Kind nur annähern. Wir müssen uns klar darüber sein, dass die verschiedenen Beobachtungen immer nur Ausschnitte eines bestimmten Zeitabschnitts sind und dass die Teile, die wir erkannt haben und zusammensetzen, das Kind in seiner Gesamtheit niemals vollständig abbilden können.

Es drückt sich in seinem Tun aus, probiert sich aus, entwickelt sich weiter und lebt in seiner Lebendigkeit.

In diesen genauen Beobachtungen steckt ein großer Schatz, weil sie helfen, sich wirklich auf Kinder einzulassen, und verdeutlichen, dass wir sie wirklich verstehen wollen. Die Erwachsene wendet sich ihrem Gegenüber, dem Kind, zu und will sich mit ihm verbinden.

Wo Hingabe und Liebe deutlich werden, lernt sich auch die Erwachsene besser kennen. Sie erlebt, wo und wie sie das Verhalten ihres Kindes bewertet, was ihr gefällt und was ihr schwerfällt, welches Bild sie sich von ihrem Kind macht, welche Vorstellungen sie vom Kindsein hat und so weiter. So durchschreitet auch die Erwachsene einen Bewusstseinsprozess: Sie wird mit ihren Ideen und Bewertungen konfrontiert. Sie kann sich, indem sie sich dessen bewusstwird, entscheiden, welches Bild sie sich von ihrem Kind machen will, ob sie *ihr* Bild verfolgt oder Raum dafür schafft, dass das Kind sein Eigenes entwickeln kann.

Kinder erleben sich selbst im Spiegel der Eltern. Wie Eltern ihre Kinder sehen, bestimmt, welches Bild Kinder von sich selbst entwickeln. Ganz zu Anfang haben sie kein Bild von sich, sie sind einfach so, wie sie sind: vollkommen von Liebe erfüllt und bereit, sich mit dem zu verbinden, was ihnen begegnet. Sie werfen sich sozusagen liebevoll, hingebungsvoll ins Leben.

Eltern können, indem sie ihre Kinder mit der Frage nach dem Wie beobachten, ganz viel von der Liebe und Verbundenheit erfahren, mit der Kinder sich auf die Welt einlassen. Das beinhaltet auch, dass die Erwachsenen sich in ihrer Rolle als aktive Gestalter zurücknehmen, die bestimmen, was das Kind tun soll, wie es sich bewegt oder wie und was es spielt. In der *aktiven Beobachtung* schaffen wir Raum für die Liebe unserer Kinder, statt sie in unsere Vorstellungen einzusperren und ihre Impulse und Anregungen zu unterdrücken.

Meine Haltung, mein Umgang mit meinem Kind bestimmt, wie viel Raum für Liebe und Hingabe vorhanden ist. Wenn wir Kinder aktiv beobachten, interessiert und offen und gut in uns selbst verankert, können wir wahrnehmen, welche Gedanken bei uns selbst entstehen, und folglich sehen, *wie* Kinder sich mit Dingen und Menschen verbinden. Sie gehen auf andere zu, untersuchen und vertiefen sich, probieren etwas aus, schauen interessiert, was passiert, wiederholen den Vorgang und entwickeln Ideen.

Sie widmen sich einer Sache vorurteils- und bewertungsfrei, wissen nicht, wozu das normalerweise gut wäre, nähern sich allem sehr sinnlich über das Schmecken, Fühlen, Sehen, Hören und Riechen und stellen Zusammenhänge her. Sie sind im Augenblick ganz präsent, denken nicht an das, was war, oder an das, was kommt.

Heute nennt man diesen Zustand *im Flow sein*: Dann sind Kinder ganz konzentriert in ihrer eigenen Welt: mit offenem Ausgang und mit sich und ihren Entdeckungen, die sie immer weiterbringen, beschäftigt. Wenn sie dabei immer wieder gestört werden, egal in welcher Altersstufe, weil die Erwachsene eine bessere Idee hat, wie etwas zu machen sei, stören wir sie in ihrem Grundbedürfnis nach Eigenständigkeit und einer Verbindung mit sich selbst. Wir nehmen ihnen die Möglichkeit, eigenständige Entdeckungen zu machen, selbst zu forschen und sich selbst als autonomer Mensch zu erfahren. Das sind Phasen der intensiven Aufmerksamkeit. Dann gibt es wieder andere Phasen, in denen sie ihren Blick erweitern, sich einen Überblick verschaffen, was alles um sie herum ist oder geschieht. Sie beobachten eher und entscheiden dann, wo es weitergehen soll.

Phasen der Entspannung geben dem Dasein Raum, in dem sie einfach nur dasitzen, sich zurückziehen, manchmal den Kontakt zu vertrauten Personen suchen, damit sich alles setzen und verarbeitet werden kann. In solchen Situationen ist das Gehirn besonders aktiv, Verbindungen werden hergestellt, erweitern sich, und alle Erlebnisse und Erfahrungen werden verarbeitet. Phasen der Ruhe und Muße, Zeiten des Nichtstuns und Herumhängens sind lebensnotwendig und bereichernd für Kinder.

Diese vollkommene Hingabe an das, was sie tun, die Aufmerksamkeit, die sie den kleinsten Dingen wie einer Staubfusel schenken, sich mit Dingen, die ihnen begegnen zu verbinden – das ist Liebe und Herzenswärme für die Welt.

Sie stellen sich als Person mit dem, wie sie sind, ganz in die Welt und beginnen dort zu forschen, zu arbeiten, wo sie sind. Das heißt, sie nehmen die Dinge einfach so, wie sie sind, und arrangieren sich mit den Gegebenheiten, mit den Begrenzungen und Einschränkungen. Sie sagen einfach ja zu dem, was ist, und freuen sich auf und über die kleinsten Dinge.

Kinder haben eine Grundakzeptanz gegenüber allem, was ihnen begegnet, und das Vertrauen, dass genau richtig ist, wer da ist und was passiert. Sie begeben sich mitten in den Fluss des Lebens, und zwar freudig, spielerisch, genussvoll und offen, bereit, das anzunehmen, was kommt. Welche Ergebenheit, Weisheit und Schönheit kommen uns da entgegen, diese Leichtigkeit und auch Tiefe, die darin stecken. Es ist eine zutiefst spirituelle, lebensbejahende Haltung, sich vertrauensvoll und freudig auf das Leben in jedem Augenblick neu einzulassen und es zu genießen. Diese Inspiration, dieses Geschenk an uns bringen die Kinder mit auf die Welt.

Indem wir uns mit und an ihnen freuen, uns offen auf sie einlassen und in die aktive Beobachtung gehen, machen wir uns mit ihnen auf den Weg, die Welt lebendiger und freudiger zu gestalten.

Menschen, Bilder, Rollen oder: Sich selbst und die Kinder ernst nehmen

Von der Vater- oder Mutterrolle zum lebendigen Ich

Wenn wir Kleinkinder mit offenem Blick beobachten, wird deutlich, dass sie im Einklang mit sich selbst sind. Sie verstecken sich nicht hinter erlernten Normen oder vorgegebenen Regeln, wie Kinder sich zu verhalten haben, sondern sie treten uns als einzigartige und vollständige Person gegenüber.

In Rollenspiele gehen sie ganz bewusst, indem sie Erwachsene, andere Kinder oder ihre Phantasiegestalten nachahmen. Für sie sind Rollenspiele wichtig, um das Gesehene und Wahrgenommene zu verstehen und mit ihrem Körper umzusetzen. Sie versuchen damit, ihre Erfahrungen (be-)greifbar zu machen. Erwachsene, die Kinder aufmerksam beobachten, erkennen sich oft selbst in den vielen Gesten und Aussprüchen der Kinder.

Die Kinder halten Erwachsenen in ihren Rollenspielen einen Spiegel vor, in dem sie ihre Erlebnisse mit anderen Menschen aus ihrer eigenen Perspektive darstellen. Dabei hören wir manchmal Sprüche von uns selbst, die wir nie sagen wollten, zum Bespiel: »Jetzt stell dich doch nicht so an.«

Kinder, besonders im Kindergartenalter, lieben Rollenspiele, das Eltern-Kind-Spiel oder das Eintauchen in andere phantastische Welten – und doch verlieren sie sich selbst nie aus den Augen. Für sie sind sie eine Möglichkeit, ihre Wahrnehmungen in einem konkreten Handeln umzusetzen. Es ist ein spielerisches Annähern an die Person der Mutter oder des Vaters, ohne feste Vorstellungen über deren Rollen, die sie eher als offene Frage verstehen und nicht als festen Standpunkt.

Im Zusammenleben mit anderen Menschen sind kleine Kinder ganz bei sich und mit sich selbst verbunden. Sie arbeiten im Wahrnehmen, im Entdecken ihrer selbst ohne feste Vorgaben von außen und ohne Regeln, wie sie sich zu verhalten haben. Ihre Identität ist lebendig, sie selbst sind lebendig. Sie bestimmen im Augenblick, im Kontakt mit sich selbst, wer sie jetzt gerade sind.

Ganz anders verhalten sich viele Eltern im Zusammenleben mit ihren Kindern. Sie meinen, sie müssten die *perfekte* Mutter oder der *perfekte* Vater sein – und verlieren so oft den Kontakt zu sich selbst.

Dadurch machen sie sich selbst zu einem Objekt; sie spielen eine Rolle, die *Rolle als Eltern*. Sobald wir eine Rolle spielen, übernehmen wir ein vorgefertigtes Bild, eine Vorstellung von perfekten Eltern mit klaren Vorgaben und Regeln, nach denen zu handeln ist. Der Mensch hinter der Rolle bleibt verborgen. Die Rolle der Eltern geht von festgelegten Standpunkten oder von konkreten Bildern aus, wie in dieser oder jener Situation eine Mutter oder ein Vater zu handeln oder vorzugehen hat.

Solche Bilder oder Standpunkte könnten sein: Perfekte Eltern sollten immer geduldig sein – auch wenn sie unter Zeitdruck stehen. Sie sollten immer dem Kinde zugewandt sein – auch wenn sie innerlich in Aufruhr sind. Sie müssen wissen, was ihrem Kind fehlt, wenn es weint oder wütend ist, und können deshalb immer dafür sorgen, dass es aufhört und so weiter.

Die Liste ließe sich beliebig in dieser Art und Weise fortsetzen.

Kein Mensch kann solche Rollenvorgaben und Ansprüche an sich selbst unbeschadet erfüllen. Es ist auch gar nicht sinnvoll, solche Rollen erfüllen zu wollen. Die Eltern liefen dabei Gefahr, sich selbst zu negieren und zu leugnen, als Menschen abwesend zu sein. Jeder Mensch wird sich in einer Rolle als Mutter oder Vater mit von vornherein festgelegten und genauen Regieanweisungen, die erfüllt werden müssen, überfordern.

Hilfreich ist es, als Mensch im Hier und Jetzt zu handeln: im bewussten und engen Kontakt mit sich selbst und auf Grundlage der Wahrnehmung des Kindes. Einen solchen Menschen, dieses Gegenüber braucht jedes Kind, anstatt Eltern, die zwar in ihrer Rolle aufgehen, doch die Verbindung zu sich selbst verloren haben.

Ich kann die Rolle als Mutter oder Vater wunderbar spielen, mich darin vielleicht sogar perfektionieren und alles richtig machen. Ich kann mich nach den neuesten Empfehlungen aus der Pädagogik, bedürfnisorientiert, feinfühlig und liebevoll verhalten – und trotzdem werden das Kind und seine Mutter oder sein Vater nicht das bekommen, was beide wirklich brauchen: einen echten lebendigen Kontakt von Mensch zu Mensch.

Einen Kontakt bekommen wir nur, wenn wir ebenso lebendig sind wie unsere Kinder, uns aufeinander einlassen, ganz wir selbst und bereit sind, voneinander zu lernen – um uns gemeinsam zu bereichern.

Die Pädagogik hat in ihrer Geschichte zahlreiche nützliche Empfehlungen gegeben. Es ist ohne Zweifel sehr hilfreich, wenn sich Eltern feinfühlig und liebevoll gegenüber ihren Kindern verhalten oder intensiv daran arbeiten. Wenn sie diese Feinfühligkeit allerdings wie eine Methode verwenden, sie als Rolle spielen und nur angeeignete Worte benutzen, kann ein Kind solcherart »Fakes« sofort erkennen und spüren. Es fällt ihm dann wesentlich schwerer, mit seinen Eltern in Beziehung zu treten und sie kennenzulernen, als wenn die Eltern einfach (vielleicht pädagogisch unkorrekt) ehrlich ihr Inneres offenlegen würden und mitteilen, wie es ihnen geht. Kinder, auch die allerkleinsten, erkennen sofort, wenn Erwachsene Rollen einnehmen, die nicht mit ihrem Inneren übereinstimmen.

Kinder werden durch solche »Fake-Rollenspiele« der Erwachsenen völlig verwirrt. Sie fragen sich: »Wer ist diese Person?«, »Wozu spielt sie mir etwas vor?«, »Wer bin ich?«

Kinder wollen in Beziehung mit *Menschen* treten, nicht mit einer Rolle spielenden Eltern, PädagogInnen, ErzieherInnen oder LehrerInnen.

Ohne eine echte Begegnung auf Augenhöhe zwischen Kind und Erwachsenem sind fast alle pädagogischen Erkenntnisse und Feinheiten sinnlos.

Schauen wir auf die Geschichte, sehen wir eine interessante Entwicklung. Vor 100 Jahren waren viele Familien, wie auch die Gesellschaft, geprägt von autoritären Strukturen. Die Rolle als Vater und Mutter war damals vorgegeben und musste erfüllt werden. Normalerweise hatte der Vater die oberste Macht, zu entscheiden und zu bestimmen, wie das Familienleben auszusehen hatte und wie die Kinder zu behandeln waren. Das Kind als einzelne Person zählte nichts, wichtig war nur, dass es wusste, wie es sich zu benehmen hatte – und sich in den vorgegebenen gesellschaftlichen Rahmen einordnen konnte. Was die Kinder dachten oder wollten, war bestenfalls uninteressant, aber meist völlig irrelevant. Kinder, die sich nicht an die Normen hielten, wurden körperlich bestraft, so dass sie lernten, dass allein der Machthaber im Haus das Verhalten und die Regeln bestimmt. Kinder als individuelle Persönlichkeiten waren nicht erwünscht.

Die Rolle der Eltern bestand vor allem darin, zu bestrafen und die Kinder auf den richtigen, vorgegebenen Weg zu führen. Erziehung war auf Hierarchie statt auf Beziehung ausgerichtet. Das individuelle, die Persönlichkeit der Eltern und der Kinder sollten hinter ihren festgelegten Rollen zurückstecken.

Vor 50 Jahren haben sich in einzelnen Bereichen der Gesellschaft die Rollen der Eltern und Kinder durch die sogenannte »antiautoritäre Familie« verschoben. Die Rechte der Kinder auf ein eigenständiges, individuelles Leben wurden in den Mittelpunkt gestellt. Sie sollten selbst bestimmen, was sie tun wollten, und sich frei entfalten.

Die Eltern sollten sie nicht mehr daran hindern, ihr Eigenes zu entwickeln. Sie sollten unbedingt dafür sorgen, dass Kinder sich frei entwickeln konnten. Ziel war nicht, sich gemeinsam zu entwickeln oder miteinander in Kontakt zu treten, sondern die Kinder wurden als individuelle, lebende Objekte gesehen, deren Freiheit zu schützen war. Das Verständnis, dass ein Mensch immer auch ein Teil einer Gemeinschaft ist, wurde in den Hintergrund gedrängt. Die individuelle Person und die Bedürfnisse und Rechte der Erwachsenen wurden vollkommen vergessen.

Der Wind hat sich von der extremen Fixierung auf die Eltern auf die Fixierung der Kinder in die andere Richtung gedreht.

Bei beiden beschriebenen Modellen hatten sowohl Eltern als auch Kinder bestimmte Rollen zu spielen: in der autoritären Familie, die Eltern als Herrscher und die Kinder als Untergebene und in der antiautoritären Familie die Kinder als sich frei und unabhängig entwickelnde Wesen, die Eltern als ihre Diener.

Heute sind wir glücklicherweise einige Schritte weiter. Inzwischen ist klar, dass sowohl die Rechte und Bedürfnisse der Kinder als auch die der Eltern beachtet werden müssen.

Trotzdem haben wir Erwachsenen immer noch nicht gelernt oder, besser gesagt, verlernt, was für viele Kinder eine Selbstverständlichkeit ist: nämlich das eigene Ich zu ergreifen, im Kontakt mit sich selbst zu sein und entsprechend zu handeln. Stattdessen spielen wir die Rolle der feinfühligen Mutter oder des geduldigen Vaters oft nur, weil wir meinen, das sei unsere Aufgabe und im Zusammenleben mit unseren Kindern notwendig.

Beispiel: Svenja, fünf Jahre alt, wirft ihre Puppe kräftig zu Boden. Ihre Mutter steht daneben und sagt: »Da wird die Mama aber traurig, wenn du das machst!« Sie sagt nicht: »Ich will nicht, dass du die Puppe auf den Boden wirfst, gehe bitte sorgsam mit ihr um!«

Bei der ersten Antwort spielt die Mutter ihre Rolle als Mutter, die gelernt hat, dass es nötig ist, Gefühle zu benennen. Sie ist dabei nicht im Kontakt mit sich selbst. Zum einen sagt sie hier nicht »ich«, sondern beschreibt sich selbst in der dritten Person: Mama mag das nicht. Zum anderen beschreibt sie nicht, wie es ihr geht, etwa, dass sie sich ärgert, sondern benutzt ihre künftige Traurigkeit, um indirekt zu sagen, was sie haben will. Sie stellt sich nicht ins Geschehen und tritt mit ihrer Tochter in keinen echten Kontakt. Stattdessen macht sie Svenja für ihre Traurigkeit verantwortlich.

Die große Gefahr heutzutage ist, dass wir unsere Rollen als Eltern perfektionieren – und trotzdem oder gerade deswegen den Kontakt und die Beziehung zu unseren Kindern verlieren. Wir lassen uns von der Vorstellung einer perfekten Elternrolle blenden.

Kinder wollen uns als Gegenüber erleben, als lebendige und gerne auch unvollkommene Menschen, die nicht in einem Konzept oder einer Rolle verkeilt sind.

Wir als Erwachsene und Eltern müssen daher wieder lernen, uns mit uns selbst zu verbinden.

Eine mögliche Übung, um einen Bewusstseinswandel unserer Elternrolle zu beginnen, könnte sein:

Mache dir Gedanken, welche Bilder und Eigenschaften du mit den Begriffen »Vater« oder »Mutter« verbindest. Welches Konzept hast du?

Beobachte, wo du nach dem Konzept »Mutter« oder »Vater« handelst und wann du als eigenständige Person präsent bist, die aus ihrer Wahrnehmung heraus tätig wird.

Wenn wir uns von unseren Rollen, etwa als Vater oder Mutter lösen, bleiben wir als Mensch, als Ich übrig. Wir als eigenständige, individuelle Persönlichkeiten dürfen uns dann selbst wieder ernst nehmen und respektieren. Anstatt uns aufzuopfern in der Rolle als Vater oder Mutter, ist es in allererster Hinsicht notwendig, uns selbst mit den eigenen Bedürfnissen in den Blick zu nehmen.

Leider haben die meisten Menschen in ihrem Leben zu wenig gelernt, sich selbst *und zugleich* ihr Kind oder eine andere Person ernst und wichtig zu nehmen.

Mit sich selbst in Verbindung treten als erster Schritt

Wie können Erwachsene im Zusammenleben mit Kindern mit sich selbst in Verbindung bleiben oder kommen? Wie kann der Schritt vom Man zum Ich erfolgen?

»Man sollte sich endlich wieder mehr Zeit für sich nehmen« oder »Als Eltern sollte man mehr auf sich achten« oder »Das macht man nicht« – diese Sätze kennen wir alle gut.

Im Gegensatz dazu steht zum Beispiel: »Ich will mir endlich wieder mehr Zeit für mich nehmen«, »Ich will mehr auf mein Kind achten« oder »Dies oder das will ich nicht.«

Mit dem »Ich will« wird die Sprache aktiv, statt passiv auf der Kopfebene zu bleiben. Das erfordert natürlich, dass ich mich selbst wertschätze und in Liebe begegne, mich selbst wichtig und ernst nehme. Ich kann mich nicht mehr hinter Normen oder Unpersönlichem verstecken, sondern ich als Person bin gefragt und muss oder darf hervortreten.

Kinder sind uns dabei ein wunderbares Vorbild, denn sie kennen kein »man«. Sie sind mit ihrer ganzen Person anwesend und stehen zu sich selbst und dem, was ihnen wichtig ist oder was sie sich wünschen.

Oft ist es die Angst, auf Grundlage eines falsch verstandenen Egoismus ich-bezogen zu wirken: »Ich darf nicht sagen, was ich will, da ich mich selbst nicht in den Mittelpunkt stellen sollte.«

Ich selbst bin der Mittelpunkt meines Lebens! Ich kann das als Schatz annehmen – oder mich vor meinem eigenen Leben verstecken und das leben, was andere oder die Gesellschaft von mir erwarten.

Unsere Welt braucht individuelle Persönlichkeiten, die ihr Leben in die Hand nehmen und damit die Gesellschaft gestalten – und zwar in die Richtung, die ihnen wichtig ist: mit Liebe und Verbundenheit zu sich selbst. Dazu gehört auch, dass ich mir klarmache, welche Werte ich in mir trage und was ich wirklich will. Das »Ich« muss nicht nur als Wort ausgesprochen werden, sondern muss mit mir als Person übereinstimmen.

Dazu das Beispiel: Anschnallen in den Kindersitz:

Kinder müssen aufgrund der Straßenverkehrsordnung im Auto in einen Kindersitz angeschnallt werden. Bei vielen Familien führt das zu großen Dramen und Konflikten. »Muss ich meine Kinder mit ›Gewalt‹ anschnallen oder soll ich aufs Autofahren verzichten? Wie finde ich eine Lösung, die für mich passt?«

Bin ich innerlich davon hundertprozentig überzeugt, habe ich mich damit beschäftigt und es durchdacht; habe ich die Werte der Selbstbestimmung meiner Kinder, ihren Bewegungsdrang und den Schutz ihres Körpers sowie meine eigenen Bedürfnisse abgewogen und mir eine wirklich *eigene* Meinung gebildet: Dann kann ich auch meinem Kind gegenüber eindeutig klar vertreten, was mir wichtig ist. *Ich*, das tätige Ich, hat in der Auseinandersetzung mit sich selbst die persönliche Position gefunden, die *ich* dann natürlich als persönliche Autorität vertreten kann mit der Aussage: »Ich will dich jetzt anschnallen.«

Solange ich diese durchgearbeitete Klarheit nicht habe, werden uns Kinder zurückspiegeln, dass wir noch unsicher sind! Sie weigern sich dann, schreien, toben, wehren sich dagegen. Es hilft auch nichts, wenn ich eine persönliche Sprache benutze (etwa: Ich will), wenn das *Ich* noch gar nicht *ich* ist. Wenn wir ein Alltags-Ich verwenden, das gelernt hat zu tun, was die offiziellen Regeln vorschreiben, also das Handeln an einem vorgegebenen Konzept ausrichten, kommen wir so nicht weiter.

Notwendig ist vielmehr, dass ich die Entscheidung allein treffe, die zugehörige Verantwortung übernehme und zu meinen *eigenen* Bedürfnissen und Wünschen stehe: nämlich, dass ich die Strecke gerne mit dem Auto zurücklegen möchte, auch wenn du, mein geliebtes Kind, ungern Auto fährst. Für das Kind wird es so viel einfacher, mitzumachen, auch wenn es oft noch etwas Zeit oder sein Nein noch ein wenig Raum braucht.

Die Alternative wäre, in einem solchen Fall aufs Autofahren zu verzichten – aber nur dann, wenn ich in der Lage bin, innerlich vollständig davon abzusehen, auch nur im Ansatz sauer auf mein Kind zu sein. Bin ich nämlich in so einem Fall sauer, war ich nicht in der Lage, meine Bedürfnisse klar einzubringen.

Wir können uns heute nicht mehr vor uns selbst verstecken. Wenn wir nicht ehrlich ins Tun gehen, nicht ins Durcharbeiten einsteigen, leben wir an der Oberfläche, ohne unser Leben wirklich zu ergreifen.

Beziehungen, und besonders die Beziehungen zu Kindern, sind dabei unsere große Chance! Sie helfen uns, sie begleiten uns auf dem Weg zu unserem eigenen Selbst und geben uns Rückmeldungen.

Indem wir zu *uns* kommen, können Kinder zu ihrem Eigenen kommen, ihr Eigenes anschauen und wertschätzen. Es ist ein gegenseitiges Bereichern und Weiterentwickeln. Unser Wachsen im Zusammenleben mit Kindern kann so eine Keimzelle für eine neue, liebevolle Welt sein.

Sich selbst in den Blick nehmen

Um zu üben, sich selbst in den Blick zu nehmen, kann ich mich am Morgen eines jeden Tages fragen: »Was ist mir heute wirklich wichtig?«, »Was will ich heute tun?«, »Auf was kommt es mir heute an?«

Im Alltagsmodus sind wir es leider vor allem gewohnt, zu funktionieren und alles zu machen, was ansteht. Die Antworten, die ich zu diesen Überlegungen finde, werden mich dann den ganzen Tag begleiten und mir als Orientierungshilfe etwa in der Beziehung zu meinem Kind zur Verfügung stehen.

Wenn wir uns klarmachen, was wir wollen, bestimmen wir, welche Richtung wir unserem Leben geben. Wir nehmen das Ziel damit vorweg und schaffen die Voraussetzungen dafür, es zu erreichen. Es hilft uns, uns zu besinnen und wirklich zu uns selbst und in den Kontakt mit unserem Inneren zu kommen. Das können *Werte* sein, es können auch kleine Alltagsziele sein, wie zum Beispiel in Ruhe eine Tasse Tee zu trinken. Damit lösen wir uns auch von unseren Rollen wie der einer perfekten Mutter oder aktiven Freundin oder Kollegin. Wir verlassen den Bereich dessen, was man sollte, und geben dem Lebendigen in uns Raum.

Eine Erweiterung zu dem Tagesziel könnte sein, dass ich mir selbst ein *Motto gebe*. Ein solches Motto kann ein Augenmerk, eine Richtlinie sein, was mir heute, diese Woche, diesen Monat oder in diesem Jahr wichtig ist. Wesentlich ist eine positive Formulierung, es darf keine Negation sein. Wenn ich zum Beispiel das Motto wähle: »Ich will nicht mehr schreien«, steht das Schreien im Mittelpunkt und mein Ziel ist nicht klar. Hilfreicher wäre es, sich darauf zu konzentrieren, was das Ziel ist, etwa: »Ich gehe ruhig und gelassen durch den Tag.«

Es ist oft viel einfacher und klarer zu beschreiben, was ich nicht will, anstatt sich klarzumachen, in welche Richtung ich gehen möchte. Im Umgang mit unseren Kindern wissen wir oft, dass wir sie zum Beispiel *nicht schlagen* wollen, aber nicht, was wir wirklich wollen. So bleiben wir auf einem unbefriedigenden Weg, anstatt dahin abzubiegen, wo wir wirklich hinwollen.

Also suchen wir uns morgens ein Motto für den Tag, das sich liebevoll, leicht und spielerisch anhört. Warum spielerisch und leicht? Weil es Spaß machen soll und wir unser Leben genießen dürfen. Auch da dürfen wir uns von dem Dogma befreien, das Leben sei hart und anstrengend!

Schauen wir uns unsere Kinder an: Sie nehmen das Leben spielerisch und leicht, genießen es aus vollen Zügen, sprühen vor Lebendigkeit und Freude. Auch sie haben Zeiten, wo sie uneins mit sich selbst und der Welt sind oder an Begrenzungen stoßen. Gleichwohl steht bei ihnen der Genuss und die spielerische Leichtigkeit im Vordergrund.

Mögliche weitere Mottos könnten sein: »Wenn du es eilig hast, mach einen Umweg« oder »Ich gehe geduldig und leicht durch den Tag«, »Ich achte auf mich und genieße die Zeit«, »Zeit zum Erholen«, »Gut genug reicht«, sowie »Kraftvoll und voller Freude«.

Ich kann auch selbstbeschriebene Motto-Karten verwenden mit allen Aspekten, die mir wichtig sind – und jeden Tag eine neue

Karte ziehen, um Anregungen für meine eigene Lebensgestaltung zu bekommen.

Eine andere hilfreiche Übung, zum eigenen Ich zu kommen, ist der sogenannte »positive Blick«.
»Hype« und Gewöhnung veranlassen uns, uns darauf auszurichten, was wir *nicht* können, uns selbst zu kritisieren und diese Kritik in den Vordergrund zu stellen. Warum eigentlich? Warum fällt es uns so schwer, uns selbst liebevoll und freundlich zu betrachten? Warum »dürfen« wir das nicht? Ist das egoistisch oder prahlerisch?

Meine Meinung hierzu ist, dass wir immer noch den Wert der Bescheidenheit und dessen, was sich gehört, fest in uns verankert haben! »Eigenlob stinkt!« kennen wir als Vorwurf. Das sind Methoden, den einzelnen Menschen klein zu halten, ihm seine Bedeutung zu nehmen und zu sagen: »Du bist unwichtig.« Damit stellen wir die Individualität und den Wert jedes einzelnen Menschen in Frage.

Das ist nicht gesund, weder für uns noch für die Welt. Auch hier sind wir gefragt, unsere eigenen liebevollen Maßstäbe anzulegen und uns nicht von außen bestimmen zu lassen.

Kinder brauchen unperfekte, lebendige und authentische Eltern
Kinder brauchen lebendige und authentische Eltern und keine perfekten. Wir haben individuell und einzigartig unsere eigenen Werte und Normen entwickelt oder von anderen Menschen übernommen – in unserer ganz persönlichen Geschichte. Unsere Aufgabe besteht nun darin, diese Werte und Normen genau anzuschauen und uns dabei selbst mit einem liebevollen Blick zu betrachten – und die Kritik an uns selbst hintanzustellen.

Entwicklung geschieht nur in der Liebe zu sich selbst, nicht in der Kritik. Jede kann oder wird es lernen, wenn sie nur will, sich selbst wieder liebevoll zu betrachten.

Ein Schritt dazu kann sein, sich die Frage zu stellen: »Was schätze ich an mir im Zusammenleben mit meinen Kindern?« Das Wort »schätzen« beinhaltet das wunderbare Wort »Schatz«. Ja, es gilt Schätze in uns zu betrachten! Es sind genügend davon vorhanden, und nur ich selbst bestimme, ob ich sie wahrnehme und damit Wirklichkeit werden lasse oder nicht.

Ich selbst bestimme den Blick auf mich selbst. Wenn mir das sehr schwerfällt, so kann ich auch die Menschen in meiner Umgebung darum bitten, möglichst konkret zu formulieren, was sie an mir schätzen, anstatt allgemein zu bleiben. Ein Beispiel hierfür wäre: »Ich schätze alles an dir, ohne dich würden wir untergehen.« Der Blick von außen kann durchaus helfen, den Blick auf die eigenen Schätze zu richten. Den Blick auf mich selbst nimmt mir der Blick von außen trotzdem nicht ab.

Wenn ich wirklich als Subjekt in die Beziehung mit meinem Kind gehen möchte, ist es nötig, solche Schritte zu gehen: sich selbst wahrzunehmen und sich auf den Weg zu machen, die eigenen Schätze – sich selbst – neu zu entdecken. Wir brauchen diesen liebevollen Blick auf uns selbst, denn sonst können wir auch nicht liebevoll mit unseren Kindern und Mitmenschen umgehen. Dann drohen wir zu Opfern zu werden und die Verantwortung für unser eigenes Leben abzugeben.

Beginne langsam: Suche dir einen Schatz, mit dem du dich ohne Einschränkungen gut fühlst! Mache dir bewusst, dass nur dein eigener Maßstab wichtig ist – *du* bist wichtig. Nimm dir deine Zeit: Es gibt keine allgemeine Skala oder Bewertung für Geduld, außer deiner eigenen.

Ich bin so, wie ich bin, richtig und erwünscht.

Selbstliebe

Bewertungen kommen von außen; ich habe diese im Laufe meines Lebens übernommen. Jetzt ist es an der Zeit, meine eigenen Werte zu entwickeln und mich zu besinnen, wie ich bin und wie ich gerne sein möchte. Ich treffe die Entscheidung, ob ich mich selbst als wertvoll und liebevoll betrachten möchte oder nicht.

In den meisten Religionen wird der Aspekt der Selbstliebe hervorgehoben: Du bist wichtig, von Gott gewünscht und geliebt, als Kind des Lichts nach seinem Ebenbild geschaffen; du bist wertvoll in deiner Individualität.

Wir sind frei und entscheiden allein, ob wir das Angebot annehmen, uns selbst jeden Tag liebevoll neu zu betrachten und Schritte zu gehen, um unsere Schätze zu finden.

So machen wir *uns selbst* zu Subjekten.

Kinder sind Subjekte und keine Objekte – Vorstellungen und Bewertungen

Kinder als Objekte in unseren Vorstellungen

Kinder sind Subjekte, eigenständige Personen. Sie wollen mit ihrem Gegenüber in Kontakt treten. Obwohl wir alle das Beste für unsere Kinder wollen, machen wir sie manchmal ungewollt zu Objekten. Wir entwickeln Ideen, was unsere Kinder in ihrem weiteren Leben, zum Beispiel beruflich, machen sollten. Dabei mischen wir unsere Vorstellungen hinein, die wir gerne selbst in unserem Leben erreicht hätten. Oder wir haben Bilder vor Augen, wie Kinder sind und sich verhalten sollten.

Eine unserer Ideen ist: Alle Säuglinge sind süß und schlafen viel. Wenn sie das nicht tun, sorgen wir uns, dass wir womöglich etwas falsch machen, oder denken, dass mit dem Kind irgendetwas nicht stimmt. Diese Denkweisen sind durchaus sinnvoll, um zu klären, woran es möglicherweise liegen könnte. Doch auch hier lassen sich Kinder nicht in ein Schema drücken. Wir haben also die Aufgabe, sehr genau auf diesen individuellen Säugling zu schauen und ihn als Person wahrzunehmen. Es ist nicht hilfreich, an (m)einer Vorstellung von ihm als Säugling festzuhalten und ihn »nicht richtig« zu nennen oder uns selbst als »falsch« Handelnde zu bezeichnen. Denn dann halten wir an unseren Vorstellungen und Bildern von Kindern fest und verlieren das Kind als individuelles Subjekt aus den Augen.

Auch im Bereich der Kleinkindpädagogik haben sich in den letzten Jahren feste Vorstellungen von Kindern entwickelt. Die Orientierung an den Bedürfnissen steht dabei an vorderster Stelle. Natürlich ist es wichtig, die Bedürfnisse der Kinder im Auge zu behalten! Doch sind Kinder weit mehr als nur ihre Bedürfnisse. Wenn wir nur die Bedürfnisse der

Kinder in den Mittelpunkt stellen, steht das Wesen des Kindes daneben – und wird womöglich nicht beachtet.

Im Zusammenleben mit Kindern geht es nicht nur darum, bedürfnisorientiert zu handeln – mindestens genauso wichtig oder gar entscheidender ist die *Beziehungsorientierung*. Bei dieser steht die *gesamte* Person des Kindes im Mittelpunkt.

Wenn wir im Zusammenleben mit unseren Kindern rein bedürfnisorientiert handeln, stellen wir uns als Erwachsene auf ein Podest und entscheiden sehr leicht von oben herab, was die Kinder nun brauchen. Wir sind dann hierarchisch orientiert. Die Erwachsenen meinen in diesem Fall genau zu wissen, was für die Kinder in diesem oder jenem Moment gut ist.

Die Hierarchie ist eine sehr einseitige Betrachtungsweise. Es wird nur darauf geschaut, was das Kind möglicherweise braucht. Die Erwachsenen machen sich so unabhängig vom Kind, und die Beziehung zu ihm spielt dann keine große Rolle. Die Frage, was wir von den Kindern lernen oder annehmen können, wird vollkommen aus den Augen verloren.

Im Extremfall werden Kinder auf diese Weise zu Objekten degradiert, die zu behandeln sind.

Doch nur so gelingen gute Beziehungen: im andauernden gegenseitigen Nehmen und Geben. Jede Einseitigkeit in diesem Verhältnis hat den Charakter einer Dienstleistung – für die wir letztlich unseren als berechtigt empfundenen Lohn erwarten.

Es ist spannend und sehr hilfreich, sich mit Theorien und Forschungen zu Kindern auseinanderzusetzen und sich darüber vielfältig und aktuell zu informieren. Dies kann helfen, alte, beengende Bilder von Kindern abzulegen, die lange Zeit vorgeherrscht haben und möglicherweise in uns weiterleben. Vor allem die neueren Kleinkind-, Baby- und Gehirnforschungen (etwa von Gerald Hüther), die vor allem die Kompetenzen und die unbegrenzten Entwicklungsräume von Kindern erforschen und beschreiben, können unser Bild von Kindern wesentlich erweitern. Damit haben sie einen unschätzbaren Teil dazu beigetragen, Kinder als Subjekte, als vollständige Personen, ernst zu nehmen. Diese Forschungen können unser Bild von Kindern erweitern, damit wir in erster Linie die kindlichen Ressourcen in den Blick nehmen – anstatt, wie früher üblich, uns auf die Defizite von Kindern auszurichten.

Gleichwohl ist es sehr wichtig, anzuerkennen: Jedes Kind ist *mehr*, als die Forschungen oder Vorstellungen unserer Zeit an Anregungen parat haben. Jedes Kind ist individuell und hat mehr Kompetenzen, als wir uns heute vorstellen können. Durch den Blick bloß auf ihre Ressourcen, verlieren die Erwachsenen ihr Sein aus den Augen.

Es muss uns klar sein: Wissenschaftliche Forschungen und die daraus gewonnenen Erkenntnisse sind Versuche, Kinder (oder auch Erwachsene) besser zu verstehen und zu beschreiben. Doch letztendlich beschreiben sie lediglich Teile des Menschseins.

Die Kleinkindpädagogin Emmi Pikler hat dazu ein wunderbares Zitat: »Beobachte! Lerne dein Kind kennen! Wenn du wirklich bemerkst, was es nötig hat, wenn du fühlst, was es tatsächlich kränkt, was es braucht, dann wirst du es auch richtig behandeln, wirst es richtig lenken, erziehen.« (Emmi Pikler: *Friedliche Babys – zufriedene Mütter*, Freiburg 1982, S. 131)

Deshalb ist es besser, nicht an Forschungsergebnissen und unseren Vorstellungen kleben zu bleiben. Doch leider erleben wir in vielen Fällen das Gegenteil. So gibt es in der aktuellen Mainstream-Pädagogik des Kindesalters Normen und Leitsätze, die selten infrage gestellt werden, zum Beispiel: »Kinder brauchen hauptsächlich Körperkontakt und Nähe.«

Es ist unbestreitbar: Kinder brauchen Körperkontakt und Nähe. Es stellen sich die Fragen: Wieviel, wann und wie? Dies ist bei jedem Kind absolut individuell.

Es kann bei Menschen keine festen Normen geben, wenn die Individualität im Mittelpunkt steht. Es kann folgerichtig auch keine feste Norm geben, wie Nähe auszusehen hat.

Menschen sind Beziehungswesen, die sich im engen Miteinander entwickeln. Auch ein Säugling, der von Erwachsenen bei jedem Schreien normgerecht in ein Tragetuch gesteckt wird, kann im Tuch bitterlich nach Nähe schreien – obwohl er doch ganz nahe bei seinen Eltern ist.

Nähe ist viel mehr als nur Körperkontakt, Nähe ist ganzheitlicher Kontakt. Darin geht es neben dem körperlichen Aspekt um Beziehung, um das Sehen und Wahrnehmen.

Um Kinder ganzheitlich zu (er)nähren, bedarf es einer inneren Nähe zwischen Person und Person. Der ganze Mensch will gesehen werden und nicht nur das körperliche Wesen mit seinen Bedürfnissen. Um tiefer erfassen zu können, wer unser Gegenüber, unser Kind ist, hilft nur die *Wahrnehmung im Augenblick*, die wir immer weiter schulen dürfen.

Definitionen der Grundbedürfnisse kleiner Kinder könnten so aussehen: Sie brauchen Beziehung, Nähe und sie haben ein Bedürfnis nach Eigenständigkeit, Selbstbestimmung und Gestaltung ihres Lebens – also Bindung *und* Autonomie. Solche scheinbaren Widersprüche machen Kinder aus. Kinder lassen sich nicht einfach fassen – und das gilt für alle Menschen.

Es gibt viele Möglichkeiten, unsere Kinder nach bestem Wissen und meist völlig unbeabsichtigt zu Objekten zu machen. Wir müssen uns fragen: Fallen wir damit womöglich in das Zeitalter der autoritären Familie zurück? Damals wussten die Eltern genau, was für ihre Kinder gut ist! Sie hatten meist nicht das einzelne Kind mit seinen Bedürfnissen im Blick, dafür aber die gesellschaftlichen Anforderungen. Ihre Kinder sollten ganz genau wissen, wie sie sich zu benehmen und zu verhalten hatten.

Heute werden die Kinder mit ihren Bedürfnissen in den Blick genommen. Wenn wir nur die Bedürfnisse der Kinder und nicht das individuelle Kind im Auge haben, dann bestimmen Erwachsene allein, was das Kind braucht. Es kann unbeabsichtigt dazu kommen, dass Kinder in eine feste, bedürfnisorientierte Rolle gequetscht werden. Das erinnert stark an eine autoritäre Erziehung. Obwohl wir Eltern das Gegenteil leben möchten, rutschen wir ganz schnell in die Vorstellungen von festen Rollen für Kinder.

Es gibt heute Bücher über die Erziehung von Jungen oder Mädchen über Entwicklungsphasen, zu Kindern in der Trotzphase oder in der Pubertät. Diese Bücher können uns helfen, den *einen* Aspekt des Kindes, wie etwa »Junge« oder »trotzig«, »pubertierend«, in den

Blick zu nehmen. Die Kinder in ihrer Ganzheit werden dadurch nicht erfasst. Kinder sind dynamisch, das heißt: *in einem immerwährenden Veränderungsprozess.*

Wenn wir sie ernst nehmen wollen, müssen wir diese Herausforderung annehmen. Dazu bedarf es eines wachen Bewusstseins! Nur so können wir vermeiden, Rollen festzulegen oder Vorstellungen von Kindern zu kultivieren.

Beispiele gerne genutzter Rollenbeschreibungen sind zum Beispiel: das Kind als Tragling, als Mädchen, als Klassenkasper oder Störenfried, Jugendliche, Einzelkind, großer oder kleiner Bruder, Scheidungskind, Lernbehinderter, Schreikind...

Diese Rollen als solche zu erkennen, erfordert ein vollständiges Umdenken, ein Arbeiten an der eigenen inneren Haltung gegenüber dem Kind wie gegenüber sich selbst.

Die neuen Forschungen zu Kindern helfen uns auf diesem Weg. Sie haben kräftig mit den alten Bildern von Kindern aufgeräumt und sie quasi auf den Kopf gestellt: als unfertige Neugeborene, unsoziale Wesen, denen wir alles beibringen müssen, genetisch determinierte Wesen.

Heute wissen wir, dass Kinder von Anfang an soziale Wesen sind, die mit vielen Fähigkeiten und Kompetenzen auf die Welt kommen und sich auf Beziehungen und die Welt einlassen. Wir müssen ihnen nicht mehr viel beibringen, sondern können uns sofort mit ihnen gemeinsam auf einen spannenden Weg machen.

Wenn wir dieses Wissen *wirklich* verinnerlicht haben und es vom Kopf in den Bauch gesackt ist, dann können wir uns darin üben, unsere Bilder und Vorstellungen loszulassen und ganz frei zu werden für das, was da ist.

Vor diesem Hintergrund können wir die bei uns noch vorhandenen Vorstellungen und Bilder auch als Wegweiser oder Eröffner von Möglichkeiten bezeichnen, in einen solchen Prozess einzusteigen! Dann können wir den engen Rahmen, der sich in der eigenen Kindheit durch unsere Erziehung entwickelt hat, nachhaltig sprengen und Raum für Neues schaffen.

Jetzt müssen wir noch einen Schritt weiter gehen, nämlich die neu gewonnenen Bilder, auch wenn sie schön sind, wieder loszulassen.

Kinder als Objekte in unseren Bewertungen und Beurteilungen

Neben den Vorstellungen, die uns daran hindern, mit Kindern in Kontakt zu treten, ist das Nichternstnehmen von Kindern, indem wir sie bewerten oder beurteilen, ebenfalls hinderlich.

Wir machen Kinder zu Objekten, indem wir festlegen, was sie aus unserer Sicht können oder nicht können und wie sie als Person sein sollen. Zum Beispiel: »«Du bist dumm«, »Das schaffst du nie«, »Du bist einfach langsam«, »Otto kann das viel besser«, »Du bist süß.« Mit Bewertungen und Beurteilungen legen wir fest, wie Kinder sind.

Kleine Kinder verhalten sich genau gegenteilig. Sie nehmen sich selbst, ihr Gegenüber, ihre Umwelt so an, wie sie ist, ohne feststehende Urteile.

Natürlich soll und darf ich als Erwachsene meine Werte und meine Bedürfnisse vertreten! Das ist sogar wichtig, um ein echtes Gegenüber zu sein. Doch es muss mir dabei klar sein: Das sind *meine* Werte, die ich dann auch als solche ausdrücken sollte.

Außerdem unterstellen wir Kindern immer noch, dass sie nicht sozial seien und daher von uns erzogen werden müssten. Wir greifen stark in die Eigenständigkeit der Kinder ein, bieten gleichzeitig viel zu wenig echte Kontaktmöglichkeiten zu uns.

Wie man beides verbinden kann, beschreibe ich in den nächsten Kapiteln.

Hier stelle ich einige Beispiele für verpasste Chancen eines wahren Kontakts vor:

Die vierjährige Lena wird von ihrer Mutter bei ihrer Freundin abgeholt, und die Mutter erkundigt sich: »Warst du auch lieb?« Was will die Mutter mit dieser Frage wissen? Sie fragt, ob sich ihre Tochter anständig verhalten hat. Mit »anständig« verbindet sie wahrscheinlich verschiedene Verhaltensweisen, etwa ruhig und zurückhaltend oder hilfsbereit und ordentlich.

Sie fragt nicht danach, wie es ihrer Tochter ging, was sie gemeinsam mit der Freundin gemacht hat. Sie will nur wissen, ob sie sich so verhalten hat, wie sie sich das vorgestellt hat, als sie Lena zur Freundin gebracht hatte.

Da sie nicht nach dem konkreten Verhalten Lenas fragt, verbindet sie das Verhalten ihrer Tochter mit deren Person. Lena *wird* mit dieser

Aussage zu dem, wie sie sich verhält: eben lieb oder nicht ganz so lieb, im schlimmsten Fall böse. Die Mutter beansprucht die Macht, Lena einzuordnen. Sie definiert, wie Lena ist und zu sein hat und was allein in Ordnung ist: nämlich lieb zu sein.

Wenn Kinder dergleichen oft erleben, verlieren sie die Verbindung zu sich selbst und dem, was ihnen wichtig ist. Sie verlieren ihre Lebendigkeit und passen sich an das an, was von ihnen gefordert wird.

Der fünfjährige Felix hat ein Bild gemalt und bringt es stolz zu seinem Vater: »Schau mal, Papa, ein Haus!« Der Vater sagt: »Sehr schön, aber das ist noch kein richtiges Haus, das ist ja ganz krumm, außerdem fehlt noch das Dach.« Auch in diesem Beispiel bewertet der Vater etwas, was sein Sohn gemacht hat. Er hängt an seinen Vorstellungen von Häusern, ohne die Chance zu nutzen, seinen Begriff zu erweitern und sich auf die spannenden Erkenntnisse seines Sohnes über Häuser einzulassen. Dabei meint er es gut mit Felix, er will ihm etwas beibringen, verliert dabei jedoch den Kontakt zu seinem Sohn.

Kinder haben viel Phantasie und einen weiten Blick, wie sie die Welt begreifen. Wenn wir sie dabei einschränken, nehmen wir ihnen die Möglichkeit, die Welt für sich zu erschließen, und uns, den eigenen Blick zu erweitern und Neues zu erfahren.

Die siebenjährige Anna quält sich mit dem Lesenlernen. Die Mutter sagt: »Deine Schwester konnte das viel schneller.« Auch solche Vergleiche sind Bewertungen und machen Kindern klar, dass sie nicht so sind, wie es sich die Eltern vorstellen. Das ist eine der problematischsten Botschaften, die wir Kindern vermitteln können: Sie sind nicht so, wie wir es uns vorstellen und sind so nicht in Ordnung. Solche Schmerzen und Verletzungen haben wir wahrscheinlich alle in uns gespeichert! Und wir haben uns wohl alle lange damit beschäftigt, diese zuzulassen und zu verarbeiten.

Der dreijährige Peter steht auf einem Baumstamm. Der Vater sagt: »Du bist super!« Der Vater freut sich, dass Peter schon balancieren kann. Er drückt seine Freude dennoch in einer Bewertung aus – ohne in einen persönlichen Kontakt zu gehen. Er hätte auch bewertungsfrei und im persönlichen Kontakt sagen können: »Ich freue mich zu sehen, wie du balancierst.« Auch im positiven Sinne (im Loben) bewerten wir Kinder. Wir nehmen uns in der besten Absicht – eine Vorgabe, wohin die Kinder sich entwickeln sollen – die Möglichkeit, sie einfach »nur« zu sehen und als Mensch wahrzunehmen, wie sie mit uns umgehen.

Wir gefährden damit den Entwicklungs- und Spielraum des Kindes für sein eigenes Selbst. Kleine Kinder maßen sich kein Urteil oder eine feste Vorstellung von anderen Menschen an. Sie bleiben offen für den Menschen, wie er sich ihnen zeigt und in dem Moment handelt.

Bewertungen und feste Vorstellungen gibt es sowohl in der Familie als auch in Kindertagesstätten und in der Schule. Sie sind in der Gesellschaft weit verbreitet – und behindern die individuelle Entwicklung von Kindern und Erwachsenen. So wird es ein Maßstab, der willkürlich oder auch nach bestem Wissen und Gewissen festgelegt und von außen dem individuellen Menschen auferlegt wird. Das Glücklichsein, die Liebe für sich selbst, die jeder Mensch in sich trägt und benötigt, droht zugedeckt und vergraben zu werden. Im Extremfall wird die Selbstliebe zerstört. Deshalb ist es jetzt an der Zeit, sich von Bewertungen und Vorstellungen zu lösen und Raum für das zu schaffen, was darunter verborgen ist.

Ein System, das Bewertungen zulässt und fördert, lässt das Aussortieren von Kindern und Menschen zu, die in ihrer Einzigartigkeit nicht willkommen sind, und verhindert dadurch notwendige Entwicklungen.

Kinder und Heranwachsende sind zunehmend nicht mehr dazu bereit, sich ausgrenzen zu lassen – und wir Erwachsenen hoffentlich auch nicht.

Übung für Eltern, um Kinder von ihren negativen Rollen zu lösen und das eigene Blickfeld zu erweitern – Schätze der Kinder

So, wie der Blick Erwachsener auf sich selbst und auf die eigenen Schätze für sie nährend sein kann, kann das der positive Blick auf Kinder ebenso. Bei kleinen Kindern fällt uns die Antwort auf die Frage: »Was schätze ich an meinem Kind?« noch relativ leicht. In diesem jungen Alter ist noch viel von dem Wunder spürbar, dem Glück und der Freude des Ankommens.

Bei älteren Kindern wird das zunehmend schwieriger! Wir sind wieder im (Normal-)Alltag mit den unterschiedlichsten Herausforderungen und feststehenden Strukturen konfrontiert, die sich kaum mit der Lebensfreude und dem Leben der Kinder im Jetzt verbinden lassen. Das kann uns einerseits helfen, ernsthaft und genau zu prüfen, was uns wirklich guttut und was eher belastend ist und was wir so zukünftig nicht mehr hinnehmen wollen.

Wir haben Vorstellungen und Ideen über unsere Kinder entwickelt, die mit der durch sie geschaffenen Realität nicht mehr übereinstimmen. Das können sowohl idealisierte Bilder wie: »Wir sind eine wunderbare Familie!« als auch Negativbilder wie: »Der kann nie stillsitzen!« sein.

So ist auch über den kritischen Blick unserer Eltern der Blick auf uns selbst entstanden. Möglicherweise haben wir aus Sicht unserer Umgebung eines Tages nicht mehr dem geliebten Kind entsprochen und wurden nicht mehr als »okay«, »in Ordnung« oder »gut«, wahrgenommen.

Da sich Kinder in jungen Jahren durch unseren Blick wie in einem Spiegel selbst wahrnehmen, wird dieser Blick leider meist übernommen.

Um kein Missverständnis aufkommen zu lassen: Natürlich darf ich als Vater, Mutter, Erwachsener wütend sein! Ich darf mich ärgern über Verhaltensweisen meines Kindes und dies auch sehr deutlich ausdrücken.

Problematisch wird es dann, wenn ich das Kind als ganze Person in Frage stelle und abwerte.

In solchen schwierigen Phasen und Situationen ist es sehr hilfreich, sich morgens oder abends als Übung die Frage zu stellen: »Was schätze ich an meinem Kind?« Ich kann mir auch bei eher schwierigen und belastenden Ereignissen mit meinen Kindern die weitere Frage stellen: »Was bringt mich dazu, in Bezug auf meine Kinder auf einem negativen Blick zu beharren?«

Wichtig ist, sich mindestens einen Schatz des Kindes vorzunehmen. Daran wird mir deutlich, wie ich meinen ganz persönlichen Maßstab an das Kind anlege. Diesen Maßstab bestimmt jede selbst –

niemand anderes. Ich habe es selbst in der Hand, wie ich mein Kind sehen will. Ich als Elternteil bewerte mein Kind und die Situation aus meinen eigenen Vorstellungen heraus, und *so* muss es auch benannt werden. Nicht das Kind ist schrecklich, sondern: »Ich komme mit dem Verhalten meines Kindes nicht zurecht und bin stinksauer.« Das ist unsere Verantwortung als Eltern! *Wir entscheiden, wie wir unsere Kinder sehen und damit, wie die Atmosphäre in der Familie ist.*

In der Familie können wir uns leicht zu Opfern unserer Kinder machen! Insbesondere dann, wenn wir ihnen die Verantwortung für das Klima und das Zusammenleben in der Familie geben. Doch was spricht dagegen, wirklich erwachsen zu handeln und die Aufgabe Familienklima als selbstverständliche Verantwortung von Eltern zu übernehmen? Nichts!

Ein persönlicher Blick auf den Schatz der Kinder kann ein möglicher Schritt in diese Richtung sein. Und es macht wirklich Spaß, weil das Leben dadurch leichter und entspannter wird. Kinder erleben sich dann freier und vollständig, sie sehen sich wertgeschätzt, geliebt und werden nicht für ihr Verhalten bewertet oder gar mit ihrem Verhalten verwechselt.

Dem Kind beim abendlichen Zubettgehen zu sagen, was ich an ihm schätze oder worüber ich dankbar im Zusammenleben mit ihm bin, können wir zu einem Abendritual ausgestalten. Dies sollte nicht als Methode, bei der ich mir schöne Worte ausdenke, verstanden werden, sondern als eine Möglichkeit zu benennen, was mir jetzt und heute in Bezug auf mein Kind wichtig ist. Es dürfen keine leeren Worte sein, die ich sagen muss, sondern das Herz darf sprechen.

Wir dürfen darauf vertrauen, dass unser Herz, unsere Liebe zu unserem Kind, die für uns passenden Worte findet! Ein Beispiel könnte sein: »Ich habe mich darüber gefreut, wie du heute den Tisch gedeckt hast« oder »Ich schätze deine Sorgfalt.« Es geht hier nicht um das allgemeine Loben, sondern um den persönlichen Blick auf das konkrete Tun des Kindes und die eigene persönliche Bewertung dazu, die dem Kind deutlich macht: »Ich sehe dich mit meinen Augen und schätze dich in dem, was du tust und wie du handelst. Du bist wertvoll für mich und geliebt, so wie du bist, als ganze und einzigartige Person.«

Spannend ist der Gedanke, dass sich das Kind durch meine Rückmeldung selbst wie in einem Spiegel erlebt. Ein Aspekt seines Seins wird, indem ich diesen Aspekt als wertvoll betrachte, durch meinen Blick hervorgehoben und in den Mittelpunkt gestellt; und zwar genau der Punkt, der mir als Erwachsene jetzt wichtig ist. Durch meine Aussage, die sich auf eine konkrete Handlung bezieht, verdeutliche ich meine persönlichen Werte, und das Kind erfährt: Das ist meinen Eltern wichtig. Ich lege damit das Kind durch meine Ich-Aussage nicht fest, sondern verdeutliche ihm, dass das mein Maßstab und meine Werte sind, die mir wichtig sind.

Ich beeinflusse oder bestimme sehr stark das Selbstbild des Kindes durch das, was ich sage und tue.

Hilfreich und nötig für Kinder ist es, dass das Handeln mit den Worten der Erwachsenen übereinstimmt. Dann erleben sie sie als authentisch und echt.

Stimmt es nicht überein, ist es für Kinder sehr schwer, sich zu orientieren. Letztendlich halten sie sich dann meistens an das, was wir tun, auch wenn die Worte andere sind.

Wir sollten uns bewusstmachen, welch großen Einfluss wir auf Kinder haben. In den ersten Lebensjahren sind wir das Maß aller Dinge für sie. Sie sehen sich durch unsere Augen, sie orientieren sich an unserem Handeln und sind in ihrer Liebe zu uns unendlich offen und verletzlich.

Kinder als Subjekte

Im Alltag ist es nicht einfach, sich immer wieder klarzumachen, dass Kinder eigenständige, individuelle Personen sind – und entsprechend zu handeln. Besonders mit Säuglingen und Kleinkindern verfallen wir oft in ein Verhalten, sie als Objekte zu behandeln.

Hilfreich ist, Kinder immer wieder offen und aufmerksam zu beobachten und wahrzunehmen. Womit sind sie im Augenblick beschäftigt? Wie handeln sie? Worauf setzen sie ihre Schwerpunkte?

Wenn ich mit ihnen in Kontakt trete, hilft es, einen Rollentausch vorzunehmen. Ich kann mir vornehmen, mit meinem Kind wie mit meinem Partner oder meiner Freundin zu sprechen. Würde ich meinem

Partner gegenüber das gleiche sagen wie zu dem Kind und würde ich meiner Freundin zum Beispiel einen Becher einfach wegnehmen, ohne vorher etwas zu sagen?

Oder ich versetze mich in die Lage des Kindes. Wie würde es mir gehen, wenn ich mitten aus dem Spiel von hinten hochgehoben, auf einen Wickeltisch verfrachtet und gewickelt würde? Oder wenn mich jemand ungefragt aus meiner intensiven Arbeit herausreißen würde, um mir Küsse zu verabreichen?

Ein Rollentausch ermöglicht uns, die Sicht des Kindes einzunehmen. Dadurch kann deutlich werden, ob wir das Kind wirklich als selbständige Person ernst nehmen oder nicht. Besonders klar wird das in Pflegesituationen (Wickeln, Füttern, An- und Ausziehen, Baden, Nase putzen, Kämmen, Nägel schneiden und so weiter) bei kleinen Kindern. Stellen wir uns einfach vor, wir wären als pflegebedürftige Person beim Arzt, beim Frisör, bei der Fußpflege, bei der Kosmetikerin oder im Krankenhaus. Welche Art von Pflege würden wir uns wünschen? Auf was käme es uns an, was wäre wichtig, damit wir uns ernst genommen und wertgeschätzt fühlen können?

Unsere Antworten können uns klarmachen, was kleine Kinder in Pflegesituationen von uns brauchen: Sie wollen ernst genommen und darauf vorbereitet werden. Es ist hilfreich, mit ihnen zu besprechen, was wir mit ihnen vorhaben. Kinder brauchen Zeit, damit sie uns folgen können. Alles muss in einem sicheren und geschützten Raum stattfinden. Sie wollen mitarbeiten, wo es möglich ist.

Über die Hände spüren die Kinder meine Zuwendung und meinen Umgang mit ihnen. Die Hände machen dabei deutlich, ob ich sie ernst nehme oder nicht. Bin ich schnell, ungeduldig und grob und behandle sie wie ein Paket, das schnell gepackt wird? Oder versuche ich durch die Hände mit ihnen Kontakt aufzunehmen und auf sie einzugehen?

Ein Beispiel für eine gelungene Pflegesituation mit Kindern

Bei der Pflege konzentriere ich mich ganz auf mein Kind. Alle anderen Tätigkeiten, auch Gedanken wie: »Die Wäsche muss noch gemacht werden…« oder »Hier ist es unordentlich…« gilt es loszulassen. Es ist wie ein Zentrierungsprozess bei einer Meditation mit der Konzentration auf das Kind. Ich, als die Erwachsene, mache mich frei und schaffe Raum für die Beziehung und den Kontakt zu meinem Kind. Dort können wir uns wahrnehmen, voneinander hören, etwas von uns selbst und der anderen Person erfahren. Ich lasse mich auf die gemeinsame Begegnung in ihrer Schönheit ein und trete mit dem, was ich bin und was ich mitbringe, in den Raum des Zusammentreffens. Ich frage oder sage: »Wer bin ich, wer bist du?«, »Wie kann die Liebe zwischen uns beiden fließen?«, »Das bist du, in deinem Körper angekommen, im Leben. Jetzt geht es darum, diesen Körper zu pflegen, dich zu pflegen.«

»Nach Winnicot begünstigt die Pflege die angeborene Tendenz des Kindes, seinen Körper zu ›bewohnen‹.« (Emmi Pikler: *Miteinander vertraut werden*, Freiamt 1997, S.53)

Kinder müssen zunächst in ihrem Körper ankommen und ein Bewusstsein dafür entwickeln, dass diese Form ihre Lebens- und Ausdrucksform ist.

Die Erwachsene spricht das Kind an und macht deutlich: »Ich will jetzt mit dir in Kontakt treten und dich pflegen.« Hierzu bedarf es Raum und Zeit, damit das Kind dieses Angebot verarbeiten und entscheiden kann: »Ja, ich bin bereit, ich lasse mich darauf ein.« Erst wenn von beiden Seiten klar ist, dass diese Begegnung jetzt gewollt ist, kann weitergegangen werden.

Dann nimmt die Erwachsene, die zuvor alles vorbereitet hat, das Kind mit ihren achtsamen Händen auf und bringt es an den Wickelplatz. Älteren Kindern, die das Pflegeritual schon kennen, hilft der vertraute Ort, sich auf das Geschehen und die Möglichkeit der Begegnung einzulassen. Das Kind wird bei allen Tätigkeiten aufgefordert, selbst aktiv zu werden, seinen Anteil zu leisten, der möglich ist. Es ist ein feines Zusammenspiel zwischen der Erwachsenen und dem Kind. Die Erwachsene gibt die Richtung, die Abläufe vor und hat immer den ganzen Menschen im Blick, der vor ihr liegt. Das ist zum einen das Baby, das eine nasse Windel hat, und zugleich ein Mensch, der gesehen und respektiert werden will, der seine Verbundenheit mit seinen Mitmenschen ausleben möchte. Indem wir den Körper des Kindes pflegen, pflegen wir die Seele und den Geist des Kindes und unsere eigene Seele. Pflegesituationen ermöglichen intensive Beziehungen und eine enge Verbundenheit. In ihnen wird sichtbar, wie das Kind gesehen wird, als Objekt oder als Subjekt, das die Chance hat, sich aktiv in die Beziehung einzubringen.

Kleinkinder erleben uns vorwiegend durch unser Handeln, unsere Sprache steht dem weit nach. Wir können noch so liebevolle Worte für unser Kind haben, beteuern, wie sehr wir es lieben und ernst nehmen, wenn wir es nicht schaffen, unsere liebevollen Gefühle oder Worte in Taten umzusetzen.

Darum ist es nötig, das eigene Handeln genau unter die Lupe zu nehmen und sich immer wieder zu fragen: »Nehme ich mein Kind ernst, auch bei den kleinsten Alltagshandlungen?«

Kinder brauchen die Erwachsenen, eine gute Verbindung zu ihnen und ihren Freiraum, um selbständig die Welt zu entdecken. Dem scheinbaren Widerspruch zwischen Beziehung und Eigenständigkeit kann man sich mit Fragen nähern:

»Wo braucht mich mein Kind und wo will es eigene Erfahrungen machen?«

»Für welche Bereiche bin ich zuständig und wofür ist das Kind selbst verantwortlich?«

»Was nehme ich, und was gebe ich meinem Kind, wenn ich eingreife?«

»Was entscheide ich, und was soll mein Kind entscheiden?«

Diese Fragen lassen sich nicht einfach und nicht ein für alle Mal beantworten. Und doch gibt es im Kleinkindalter zwei Bereiche, für die Kinder selbst verantwortlich sind und in denen sie keinen aktiven Part der Erwachsenen benötigen: *die Bewegungsentwicklung und das Spiel.*

Kinder als Subjekte ernst zu nehmen bedeutet, ihnen zuzutrauen, ihren Körper mit seinen Möglichkeiten der Bewegung selbständig zu ergreifen und zu erfahren. Das heißt, zuzulassen, dass sie *ganz eigenständig* Bewegungs- und Körpererfahrungen machen können, *ohne dass ich interveniere.* Das ist für Erwachsene oft nicht leicht auszuhalten!

Ich warte ab, bis sie sich selbständig vom Rücken auf die Seite und auf den Bauch drehen. Ich stelle Möglichkeiten zur Verfügung, dass sie sich *selbständig*, zum Beispiel auf eine Matratze hochziehen und sie sich *selbständig* hinsetzen. Ich nehme sie *nicht* an die Hand, um das Laufen zu üben, sondern lasse sie sich selbst an der Wand entlanghangeln. Ich lasse auch mit meiner vollen Aufmerksamkeit leicht risikobehaftete Unternehmungen zu, zum Beispiel vorwärts von einem kleinen Podest herunter zu krabbeln, und erlebe, wie sie vorgehen, sich gegebenenfalls abrollen. Sollten sie einmal abrutschen, bin ich bei ihnen, um sie in ihrem Schmerz und ihrer Überraschung, bei Frust oder Ärger zu begleiten. Bei all diesen Aspekten geht es darum, den Kindern Raum für das selbständige Aneignen ihres eigenen Körpers zu geben und sie aufmerksam zu unterstützen.

Bei der Bewegungsentwicklung zeigt sich die individuelle Persönlichkeit jedes Menschen. Es gibt Kinder, die sich sehr rasch entwickeln und sich bereits mit vier Monaten drehen, mit sechs Monaten krabbeln und mit dreizehn Monaten gehen. Im Gegensatz dazu gibt es Kinder, die sich Zeit lassen, sich mit sechs Monaten drehen und mit zwölf Monaten beginnen zu krabbeln.

Die langsamen Kinder nützen gründlich jede neue Position vollkommen aus, erforschen und erkunden genau, welche Möglichkeiten darin stecken. Einige Kinder sind eher forsch und wagemutig und stürzen sich buchstäblich auf neue Erfahrungen, während andere sehr vorsichtig und bedächtig an Herausforderungen herangehen. Oft zeigt sich an der Bewegungsentwicklung, wie jedes Kind individuell der Welt und sich selbst heute und womöglich auch zukünftig begegnet.

Vor allem bei der Bewegungsentwicklung gilt es, Vorstellungen darüber, in welchem Alter ein Kind krabbeln oder laufen sollte, ganz loszulassen! Jegliche Vergleiche oder Bewertungen sollten vermieden werden. An meiner Haltung und meinem Handeln im Zusammenleben mit meinem Kind zeigt sich, ob ich es wirklich ernst nehme und respektiere.

Konkret bedeutet das, dass ich meinem Kind Zeit lasse, ihm vertraue, eigenständig neue Positionen und Bewegungsformen zu entwickeln. Es erfordert, dass ich mich zurückhalte, nicht eingreife oder helfe und mein Kind eigene Erfahrungen machen lasse. Ich löse die Situation für mein Kind nicht auf, indem ich eingreife oder Lösungen schaffe, sondern ich begleite es – auch bei Frustrationen. Dann sind wir auf Augenhöhe, denn genauso verhalten sich Kinder uns Erwachsenen gegenüber: Sie geben uns keine Tipps oder Ratschläge oder greifen aktiv ein, wenn wir uns merkwürdig bewegen oder uns schwertun an einem Felsen emporzuklettern.

Auch beim Spiel, mit dem sich die Kinder die Welt aneignen, ist eine Zurückhaltung hilfreich, eine Einstellung, mit der man das Kind ernst nimmt und sich an dem freut, was das Kind entdeckt. Kinder wollen nicht bespaßt werden. Trotzdem freuen sie sich über Bespaßung und lassen sich auf das Spiel der Erwachsenen ein. Sie passen sich einfach an.

Kinder lieben Wiederholungen. Deshalb verstehen sie oft nicht, wenn Erwachsene ihnen auf einmal kein Spielzeug mehr reichen oder ihnen kein kleines Theaterstück mehr vorspielen. Dann klagen viele Eltern, dass sich ihre Kinder nicht allein beschäftigen und nichts mit sich selbst anfangen können. Leider ist es so: Viele Kinder haben verlernt, ihr Eigenes zu entwickeln. Warum? Wenn die Kinder klein sind, haben viele Eltern Freude daran und sehen ihre Aufgabe darin, die Kinder zu beschäftigen. Zum Beispiel, indem sie ihnen Spielzeug reichen oder versuchen, ihnen beizubringen, wie Türme gebaut werden oder sie ihnen etwas vormalen und so weiter. Erwachsene betreuen und lehren sie so in der Art eines persönlichen Adjutanten, eines Animateurs oder Spielkameraden. Kinder, die sich gerne mit allem verbinden, was auf sie zukommt und zudem gerne in Kontakt mit ihren Eltern sind, machen in diesem Spiel einfach mit. Ihr Bedürfnis und ihre Motivation, eigenständig die Welt zu erfahren, kann dadurch immer weiter in den Hintergrund gedrängt werden.

Und auf einmal machen die Eltern nicht mehr mit. Sie sagen: »Du musst jetzt endlich lernen, allein zu spielen!« Die Kinder verstehen dann nicht, warum sich die Eltern plötzlich zurückziehen.
Das ist für beide Seiten schwierig und doch *ein Schritt in eine neue Entwicklung*. Die Eltern lassen ihre Rolle als Bespaßer und Dienstleister ihrer Kinder hinter sich und gewinnen ihre Freiheit zurück – und die Kinder erhalten die Chance, zu ihrer eigenen Motivation zurückzufinden. Anfangs ist es für beide Seiten eine Umstellung, die mit

Frustrationen, Ärger und Langeweile verbunden ist. Dies gilt es auszuhalten und den gewonnenen Raum für neue Möglichkeiten zu nutzen.

Wie kann eine Spielsituation aussehen, in der Kinder sich eigenständig ausprobieren?

Sophia, sechs Monate alt, liegt auf dem Rücken auf dem Boden und hat einen Holzring in der Hand, den sie ausgiebig mit ihrem Mund erfasst, immer wieder in die Hand nimmt und betrachtet. Dann fällt er ihr aus der Hand und rollt weg. Sie dreht sich auf die Seite, schaut ihm nach und versucht, ihn mit der Hand zu erreichen, schafft es aber nicht. Sie fängt an zu meckern, probiert es noch einmal und wieder; sie fängt an zu schreien. Die Mutter sagt: »Du ärgerst dich, weil du nicht mehr an deinen Ring kommst, das ist wirklich frustrierend!« Nach einer Weile weist sie Sophia auf die anderen Sachen hin, die noch neben ihr liegen und für sie erreichbar sind – oder sie erkennt, dass Sophia erschöpft ist und bietet ihr an, sie zu sich zu nehmen.

Sophias Mutter hält Sophias Frustration aus, sie hat ihre Umgebung bewusst so gestaltet, dass Sophia eine Auswahl an Spielmaterialien um sich hat, die sie selbständig erreichen kann. Sie fühlt sich nicht verantwortlich für Sophias Ärger, sondern begleitet sie aufmerksam und ist da, wenn sie sie braucht. Sie ist keine »Reicherin von Spielsachen«.

Noah, vierzehn Monate, hat eine Plastikflasche mit Drehverschluss in der Hand. Der Deckel sitzt locker, immer wieder versucht er, die Flasche zu öffnen, aber es gelingt ihm nicht. Er krabbelt zu seinem Vater und hält sie vor ihn hin. Sein Vater sagt: »Du willst die Flasche öffnen und schaffst es nicht, der Deckel geht nicht runter.« Noah schaut ihn an, hört zu, legt die Flasche zur Seite und nimmt sich eine Schüssel. Nach zwei Minuten nimmt er sich erneut die Flasche vor, und nun gelingt es ihm, die Flasche zu öffnen. Begeistert und voller Freude zeigt er seinem Vater, dass er es geschafft hat. Noahs Vater sieht Noah und nimmt wahr, woran er arbeitet und wie es ihm geht. Er löst nicht Noahs Probleme, sondern begleitet ihn bei seinem Vorgehen. Er motiviert ihn auch nicht: »Das ist ganz leicht, du schaffst das!« oder gibt ihm Anleitungen wie »Du musst den Deckel drehen!« oder sagt ihm:

»Du musst dranbleiben!« sondern ist einfach da und nimmt ihn als Gegenüber wahr.

Das sind Beispiele und keine Anweisungen, die verdeutlichen können, was es konkret bedeutet, sich selbst zurückzuhalten und sein Kind aktiv und selbständig die Welt entdecken zu lassen.

Kinder müssen nicht beschäftigt oder motiviert werden, denn damit würden wir sie wieder zu Objekten machen. Sie sind mit allem ausgestattet, was nötig ist, die Welt zu entdecken und zu erfahren. Aussagen wie: »Du schaffst das, du brauchst mich nicht« oder: »Du bist super« sind unnötig. Dies gilt ebenso für das Bedienen der Kinder und damit verbunden für das Lösen ihrer Probleme.

Auch wenn uns die Zurückhaltung schwerfällt: Kinder werden stärker, wenn wir sie bei ihren Problemen begleiten, anstatt sie für sie zu lösen.

Für Erwachsene ist diese Zurückhaltung meist schwerer auszuhalten als einzuspringen. Doch auch gut gemeinte Ratschläge werden immer von oben herab gegeben. Kinder haben ein viel breiteres Spektrum an Möglichkeiten, als wir denken. Sie lassen sich noch nicht von festen Vorstellungen und der sogenannten Realität begrenzen. Bei ihnen ist vieles möglich, und nur so können neue Wege entdeckt werden. Wir brauchen Kinder, die offen an jegliche Herausforderung herangehen, neue Zusammenhänge entdecken und unser eingeschränktes Blickfeld erweitern. Wir müssen lernen, Kinder wirklich ernst zu nehmen und zu respektieren!

Noch ein paar zusammenfassende Beispiele:

- Ein Kind stolpert, fällt auf das Knie und fängt an zu weinen. Der Vater nimmt sein Kind hoch, schaut sich das Knie an und sagt: »Ist doch nichts passiert!« Er könnte aber auch sagen: »Du bist gestolpert und hast dich erschreckt.«
- Im Zoo entdeckt ein Zweijähriger eine Ameise und will sie seinen Eltern zeigen. Die Mutter sagt: »Komm weiter zu den Elefanten, die sind viel spannender!« Sie könnte auch sagen: »Du hast eine Ameise entdeckt.«
- Ein Kind baut einen Turm und stapelt die größeren Steine oben. Ein Erwachsener kommt und sagt: »Du musst die großen Steine unten hinlegen, damit der Turm stabil ist.« Er könnte aber auch

einfach aufmerksam das Tun des Kindes begleiten und sich an dem freuen, was das Kind entdeckt.

- Ein Kind krabbelt vorwärts ein Podest herunter, und eine Erwachsene sagt: »Das ist viel zu gefährlich, du musst rückwärts runterkrabbeln.« Sie könnte aber auch schauen, wo gefährliche, spitze Dinge in der Nähe herumliegen und sie entfernen, damit das Kind eigene Erfahrungen mit der Höhe machen kann, ohne sich zu verletzen.
- Ein Kind wird in seine Kleidung hineingestopft, während die Erwachsene tausend andere Dinge im Kopf hat, die noch zu erledigen sind. Sie tritt nicht mit dem Kind auf Augenhöhe in Kontakt, um sich innerlich auf das Kind einzulassen. Sie könnte jedoch fragen: »Ich will dir die Jacke anziehen, gibst du mir deinen Arm?«

Eltern und Kinder als Subjekt – Erwachsene lernen sich selbst kennen – Selbsterkenntnis

Vom Zauber des Anfangs – nährende Beziehung

Von Anfang an ist die *Beziehung zwischen Eltern und Kindern ein gegenseitiges Geben und Nehmen.* Natürlich ist es zu Beginn so, dass Eltern zunächst ihre eigenen individuellen Bedürfnisse nach Schlaf, nach Ruhe, nach Zeit für sich nicht wie gewohnt weiterleben können. Auf einmal ist da ein anderer Mensch, der sich permanent einbringt und den gewohnten Tagesablauf durcheinanderbringt. Selbstverständlichkeiten gibt es nicht mehr, alles wird auf den Kopf gestellt. Genau darin liegt die Chance, sich intensiv anzuschauen, was wirklich nötig ist und wie es arrangiert werden kann.

Wir sind es nicht gewöhnt, dass wir 24 Stunden lang Bereitschaft haben oder dass ein Kind von einer Sekunde auf die andere laut zu schreien anfängt und seine Schmerzen und Probleme ausdrückt. Eine solch enge Verbundenheit, in der sich der ganze Mensch, der Säugling seinen Eltern zumutet, kannten wir bisher nicht.

In unserem normalen Alltag nehmen sich alle zurück, stellen ihre Bedürfnisse hintenan, kommunizieren oft verdeckt und zurückhaltend und muten ihren Mitmenschen nicht zuviel zu. Von Problemen wird nur zurückhaltend erzählt, und es wird nicht so sehr in die Tiefe gegangen. Doch auf einmal ist da ein Säugling, der sich mit allem, was ihn bewegt, in die Beziehung zu seinen Eltern einbringt. Mit dieser Geste der Hingabe drückt er aus, dass er ihnen zutraut, ihn zu begleiten und damit fertig zu werden.

Diese Offenbarung des Kindes macht uns zunächst sprach- und oft hilflos. Wir können diesem Antlitz des Gegenübers nicht ungerührt gegenüberstehen, das voller Vertrauen auf uns als Person, nicht als Mutter oder Vater, schaut. Oft wissen wir nicht, wie wir mit diesem Vertrauen und der Herausforderung des Schreiens umgehen sollen. Und doch wollen die allermeisten Eltern ihre Kinder unterstützen und begleiten

Wir können zumeist gar nicht anders als diese Verbindung, dieses Vertrauen, das uns entgegengebracht wird, anzunehmen oder mit diesem umzugehen.

Ich erinnere mich gut an das Gefühl bei meinem ersten Kind, als wir aus der Klinik nach Hause kamen. Dieses kleine Menschenwesen lag nun vor uns, und vor uns stand wie eine große Aufgabe das Thema Verantwortung: Wir sind nun allein dafür verantwortlich, gut für dieses kleine Kind zu sorgen.

Heute würde ich sagen, dass ich damals weniger die Verbindung und das Vertrauen gesehen habe, die mir entgegengebracht wurden, sondern eher die materielle Aufgabe, die Verantwortung, der ich gerecht werden wollte. Ich wollte gut für meinen Sohn sorgen und vor allem eine *gute* Mutter sein.

Zu wenig habe ich den Blick darauf gerichtet, welches Geschenk dieses Vertrauen und diese Verbundenheit meines Sohnes zu mir eigentlich waren. Ich war sehr auf meine Aufgabe fokussiert und wollte mit vollem Bewusstsein alles richtig machen. Die Freude, die Leichtigkeit und das Spielerische, die vorhandene tiefe Verbundenheit gingen dabei eher unter. Ich habe anfänglich zu wenig auf meinen Sohn wirklich geschaut: Was braucht er? Was will er mir sagen? Stattdessen war ich innerlich mit meiner Rolle der guten Mutter beschäftigt, die mich davon abhielt, genau hinzuschauen.

Fragen wie: »Wer bin ich?«, »Was löst diese Hingabe bei mir aus?«, »Welche Gefühle treten auf?«, »Was brauche ich an Seelenpflege?«, »Wie kann ich achtsam mit mir selbst umgehen?« stellen sich uns durch das Zusammenleben mit kleinen Kindern. Kinder sind in diesem Prozess sehr geduldig mit uns. Sie fordern uns immer wieder neu heraus, in die Tiefe zu gehen und uns selbst besser oder neu kennenzulernen.

Die Beziehung zwischen Eltern und ihrem Säugling schafft zu diesem Tiefergehen immer die gleichen Möglichkeiten, die durch die körperliche Entwicklung des pflegebedürftigen Säuglings vorgegeben sind. Andererseits sind die sich bietenden Möglichkeiten sehr individuell, da jeder Säugling anders und auch jedes Elternteil unterschiedlich ist.

Zu Beginn geht es vor allem um die körperliche (physische) Versorgung des Säuglings, auf die er lebensnotwendig angewiesen ist. Es ist aber auch die psychische oder seelische Versorgung, auf die geachtet werden muss. Wie kann das alles zusammengehen?

In dem Buch *Miteinander vertraut werden* von Emmi Pikler (Freiamt 1997, S.10 und 134) wird es in einer sehr bildhaften Sprache ausgedrückt: »satt« an Kontakt oder »satt« an Beziehung sein.

Für mich ein wunderbares Bild! Doch dieses Satt-Sein an Kontakt lässt sich nicht einfach herstellen oder gar zufüttern. Es ist schwer greifbar und noch weniger messbar. Um weiter zu erforschen, was ein wirklicher Kontakt ist, der nährt und guttut, ist es hilfreich, sich selbst zu fragen: »Welcher Kontakt tut mir gut?«, »Wo fühle ich mich gesehen, wertgeschätzt und wahrgenommen?«, »Wann gehe ich bereichert weiter?« oder »Wann war es ein Zusammentreffen ohne Tiefe und Inhalt?«

Nach meiner Auffassung findet eine wahre Beziehung statt, wenn wirkliches Interesse am Gegenüber da ist, wenn ich mich für den anderen öffne und wirklich verstehen will, wie es der anderen Person geht. Echter Kontakt entsteht, wenn wir etwas miteinander teilen, nicht nur reine Informationen austauschen, sondern Mitgefühl, Achtsamkeit und Respekt zeigen, wenn Freude am anderen spürbar wird.

Dann können wir sagen: »Ich habe mich geöffnet, mein inneres Wesen mit jemandem geteilt. Wir haben uns wahrgenommen, gesehen und voneinander gehört.« Das sind tiefe Erlebnisse, die Veränderungen ermöglichen: Wenn wir uns als zwei Ichs begegnet sind, nicht als *man*, dann hat die Begegnung Spuren hinterlassen.

All dies kann auch durch einen einzigen tiefen Blickkontakt stattfinden, in einer visuellen Seelenberührung, in einem Moment, in dem beide präsent sind und sich erkennen.

Kinder, auch schon Säuglinge, bringen von Natur aus die Voraussetzung für nährende Beziehungen und Kontakte mit, unverstellt und frei von Rollen und Normen. Ihr *Ich* steht im Mittelpunkt, sie sind präsent und nicht im Gestern oder Morgen.

Wir können sie hören und sehen und wirklich das aufnehmen, was sie mitbringen.

Das ist der nährende Kontakt, die Beziehung, die sie satt macht.

Wir sehen, wie viel Vertrauen uns Säuglinge schenken, indem sie kommunizieren und uns ernst nehmen! Sie genießen mit Leichtigkeit und Freude, dass wir da sind. Das tut uns Erwachsenen sehr gut. Es hilft uns, zu uns selbst zu kommen, und sättigt uns ebenfalls.

Wir dürfen uns gerne in eine entsprechende Haltung begeben, um uns mit den Augen des Kindes zu betrachten. In dieser Haltung können wir Offenheit und Liebe in uns selbst wahrnehmen und wie es uns gerade geht. Dieses einzigartige, großartige Geschenk, der *positive Blick auf uns selbst*, auf unsere *Möglichkeiten und Ressourcen,* ermöglicht eine neue Haltung uns selbst gegenüber. Mit einer solchen Haltung begegnen uns von außen nur Kinder oder Heilige wie etwa Mutter Teresa.

Wie können wir darauf eingehen, wie davon profitieren und das Geschenk annehmen, das uns dargeboten wird? Wir müssen nährende Beziehungen fördern, echte Begegnungen auf einer tiefen Ebene stattfinden lassen und uns dabei gegenseitig mit Respekt und Achtung berühren und einbringen.

Das ist unsere Chance in der Beziehung zu Kindern! So können wir immer wieder den Blick auf das Kind richten, auf seine Haltung, Verbundenheit und Liebe.

Das Bild vom Kind kolossal ändern

Damit kann sich unser Bild vom Kind kolossal ändern: weg vom Blick der Vergangenheit, in der das Kind als Objekt, als irrelevanter und minderwertiger Mensch und billige Arbeitskraft verstanden wurde. Und hin zu der Betrachtung des Kindes als Subjekt, als eigenständiges, wertvolles und gleichwertiges Wesen, dem wir auf Augenhöhe entgegentreten. Das Kind wird so zu einem Gegenüber, das uns liebevoll anblickt, alle unsere Möglichkeiten und Ressourcen in uns sieht, uns akzeptiert und respektiert, so wie wir sind. Man könnte auch sagen, das Kind richtet einen göttlichen Blick auf uns: uneingeschränkt, ohne Wenn und Aber.

Kinder treten uns in den ersten Lebensjahren offen und bewertungsfrei gegenüber. Für sie ist es, im Gegensatz zu Erwachsenen, selbstverständlich, uns als Subjekte wahrzunehmen. Sie haben keine Vorstellung davon, wie eine Mutter oder ein Vater zu sein hat oder wie gute Eltern sein sollten. Sie nehmen uns so an, wie wir sind. Niemand hat ihnen beigebracht, was hilfreich ist im Umgang mit den eigenen Eltern, welches Verhalten sinnvoll wäre oder welche Bedürfnisse Eltern haben und wie sie am besten zu befriedigen wären.

Diesen wertschätzenden Blick auf ihre Eltern bringen sie auf die Welt mit – und haben ihn in jungen Jahren auch auf sich selbst. Sie wollen überhaupt keine perfekten Kinder sein, alles gut und richtig machen und sich an irgendwelchen Maßstäben von außen orientieren. Ihnen reicht es vollkommen, jetzt in diesem Moment zu *sein*. Damit machen sie uns ein großes Geschenk, weil sie uns vorleben, mit welcher Haltung das Leben freudig und erfüllt sein könnte.

Präsenz

Das Besondere an der Beziehung zu kleinen Kindern ist das *Präsent-Sein*, das vollkommene und völlige Dasein im Augenblick. Diese Art von Beziehung läuft nicht beiläufig nebenher, denn kleine Kinder fordern uns regelrecht dazu heraus. Besonders Säuglinge und kleine Kinder, die sehr viel schreien, lassen keinen Raum für etwas anderes: Sie beanspruchen uns völlig, als ganze Person und Subjekt.

Ich erinnere mich gut an meine Zeit als junge Mutter. Ich überlegte krampfhaft, was ich bei einem Ereignis (zum Beispiel Schreien) tun könnte und welche Lösungen es möglicherweise gäbe. Ich fragte mich, was ich womöglich nicht beachtet oder falsch gemacht hatte, oder stellte mein Bild als fähige Mutter in Frage, die alles richtig machen will. Ich begann, an diesem Anspruch zu verzweifeln, während mein Kind einfach nur meine *Präsenz* forderte.

Es geht dann eben nicht darum, Lösungen zu finden und – lassen sich diese nicht finden – uns selbst fertigzumachen, weil wir unserem Bild der Mutter nicht entsprechen: Die muss doch wissen, was ihrem Kind fehlt und gut für es sorgen. Vielmehr geht es darum, als Person und Subjekt einfach präsent zu sein. Kinder rufen uns auf, unsere gewählte Rolle als perfekte gute Mutter abzulegen und zu uns selbst zu kommen. Je mehr wir in schwierigen Situationen hin und her hüpfen und aufgeregt und nervös werden, desto weniger Halt und Stabilität bieten wir den Säuglingen. Eine hilfreiche Haltung in solchen Situationen kann sich nur aus dem Augenblick heraus, aus der eigenen Präsenz in Verbindung mit dem Herzen, entwickeln.

Kinder fordern uns dazu auf, präsent zu sein, in Verbindung mit uns selbst zu treten und uns von der Rolle der perfekten Mutter zu lösen.

Kleine Kinder wollen eben *nicht* die perfekte Mutter, sondern sie wollen uns als ganze Person mit allen Stärken und Schwächen: So, wie wir sind. Kinder sind sehr stark mit uns verbunden. Sie bringen uns uneingeschränktes Vertrauen und bedingungslose Liebe entgegen, ganz gleich, was wir tun oder wie wir uns verhalten.

Diesen Ausgangspunkt, dieses Geschenk, das uns schon die ganz kleinen Kinder machen, müssen wir erst einmal sehen und annehmen.

Kinder lieben ihre Eltern, auch Kinder, die missbraucht oder misshandelt wurden, können und wollen ihre Eltern oft nicht verlassen – ganz unabhängig davon, was sie tun.

Durch diese entgegengebrachte Verbundenheit und Wertschätzung beziehen misshandelte Kinder die Verhaltensweisen ihrer Eltern *immer auf sich selbst.* Sie rechtfertigen deren Vorgehen damit, dass sie selbst eben böse oder ungezogen oder nichts wert seien. Sie machen sich selbst schlecht, damit ihre Eltern gut bleiben dürfen.

Das verdeutlicht noch einmal, welche Verantwortung und welche Aufgabe wir als Eltern haben. Wir dürfen das Geschenk der Liebe der Kinder annehmen, uns dadurch wieder auf den Weg zu uns selbst machen, als der Mensch, der wir sind: geliebt und mit unendlichen Entwicklungsmöglichkeiten.

Bildlich können wir uns das so vorstellen: Unsere Kinder sehen uns durch die rosarote Brille der Verliebten. Sie sehen uns ohne Bewertungen, was gut, was noch nicht entwickelt oder was schlecht ist, sondern wir sind, wie wir sind: perfekt und genau richtig – und versehen mit unendlichem Entwicklungspotential in diesem Moment.

Wie können wir nun als Erwachsene eine echte Ich-Du-Beziehung mit Kindern gestalten und das Geschenk annehmen, das sie uns mit ihrem verliebten Blick machen?

Als Beispiel eignet sich sehr gut ein schreiender Säugling, bei dem ich alle »offensichtlichen« Bedürfnisse erfüllt habe und der sich dennoch nicht beruhigt. Kleine Kinder bringen sich in die Beziehung so ein, wie es ihnen im Moment geht. Sie sind neu auf der Erde angekommen, orientieren sich in einer Umgebung voller Reize und neuer Eindrücke und setzen sich mit ihrem Körper, der Verdauung, ihrer Atmung, dem Wärmehaushalt und ihren Sinneseindrücken auseinander. Das alles muss *ver*arbeitet und *be*arbeitet werden.

Damit das gelingen kann, nutzen sie, was einen Menschen ausmacht: Sie gehen in *Beziehung,* suchen Halt, Unterstützung und Begleitung. Sie bringen die Entwicklungs- und Lösungsmöglichkeit für alles mit, was ihnen heute und künftig begegnet – nämlich die Möglichkeit, in Kontakt zu gehen und sich Unterstützung und Begleitung zu holen.

Ihre Erfahrung im Mutterleib war die enge Verbundenheit mit der Mutter; sie wurden versorgt. Dort haben sie schon sehr viel von ihrer Mutter erfahren: wie es ihr geht, welche Gefühle sie hatte, wann es anstrengend für sie war, wie gestresst und entspannt sie war. Jetzt sind sie auf der Welt; ihr Organismus arbeitet selbständig und trotzdem sind sie immer noch ganz eng verbunden. Die Verbundenheit ist für sie Normalität, auch nach der Geburt.

Von uns brauchen sie genau dasselbe: tiefe Verbundenheit. Sie schreien und weinen, fordern von uns, ganz bei uns selbst zu sein und wahrzunehmen, wie es uns in diesem Moment geht. Damit holen sie uns in die Beziehung hinein: zwei Menschen, die sich selbst und den anderen lieben. Kinder wollen erfahren, dass wir uns gegenseitig stärken wollen, indem wir ganz da sind.

Der Blick der Eltern auf den schreienden Säugling könnte folgendermaßen aussehen: »Ich bin für dich da, ich sehe dich. Du bist ganz durcheinander durch den Lärm und die Helligkeit. Dein Körper arbeitet stark daran, alles zu verdauen. Ich bin unsicher, was du brauchst, weil ich dich noch nicht so gut kenne und mir wünsche, dass es dir gutgeht. Ich vertraue mir und dir, dass wir gemeinsam einen Weg finden. Ich begleite dich und bin für dich da.«

Die Eigenwahrnehmung der Mutter oder des Vaters könnte beispielsweise folgendermaßen aussehen: »Ich bin unsicher, ich weiß nicht, was ich tun soll. Mein Kind tut mir leid, und ich tue mir selbst leid. Ich war selbst so oft allein, und niemand hat meinen Schmerz, mein inneres Weinen gehört. Das will ich meinem Kind ersparen: Ich will, dass es ihm gutgeht. Es soll ihm besser gehen als mir. Ich halte dieses Weinen, diesen Schmerz nicht aus. Er trifft mich ganz tief in meinem Inneren. So lieblos, so einsam fühle ich mich, weil der Schmerz mich daran erinnert, wie es mir geht oder ging.«

Oder auch:

»Ich werde wütend oder aggressiv; ich halte dieses Weinen nicht mehr aus! Jetzt mache ich schon alles, was mir möglich ist, und mein Kind schreit einfach weiter. Ich bin machtlos, ich weiß nicht mehr, was ich tun soll; mein Kind reagiert nicht auf mich. Es liebt mich nicht…«

So könnte die innere Wahrnehmung einer Mutter oder eines Vaters aussehen, wenn ihr kleines Kind schreit und sich nicht beruhigen lässt.

Das Kind beschenkt uns damit, dass wir an unser Innerstes kommen, uns selbst erkennen mit dem, was wir sind und mitbringen.

Nur in der Selbsterkenntnis ist Entwicklung möglich. Je mehr wir versuchen, unseren inneren Schmerz zu unterdrücken oder unsere Traurigkeit beiseitezuschieben, desto größer werden sie und desto größer wird die Gefahr, dass sie sich in Aggression oder Wut verwandeln, die sich gegen unsere Mitmenschen oder das Kind richten.

Schon Säuglinge ermöglichen uns – wenn wir uns auf ihre Beziehung und den Kontakt zu uns einlassen –, uns selbst zu erkennen, die Schmerzen zu bearbeiten und uns von alten Vorstellungen zu befreien, etwa, ungeliebt und wertlos zu sein. Mit jedem Kind kommt unendlich viel Liebe auf die Welt, wir brauchen sie nur anzunehmen.

Hilfreiche Übungen im Umgang mit aufkommenden Gefühlen

Im Kontakt mit einem schreienden Säugling in einer Ich-Du-Beziehung von Subjekt zu Subjekt geht es darum, sich selbst zu spüren, wahrzunehmen und zu akzeptieren, was da ist, ganz gleich, ob es Angst ist, Unsicherheit, Wut oder Traurigkeit.

Die Übung besteht darin, sich innerlich in das Gefühl hineinzulegen. Das Gegenteil davon wäre der Versuch, das Gefühl wegzudrücken oder zu leugnen, denn damit würde es immer größer. Mit dem Hineinlegen gehe ich ganz in die Wahrnehmung und akzeptiere, was da ist. Hilfreich ist es, sich gut zu erden und mit seinem Körper den Boden zu spüren oder den Atem wahrzunehmen, der den ganzen Körper ausfüllt. Man kann sich das Gefühl wie einen Sitzsack vorstellen, in den man sich hineinlegt, tief ein- und ausatmet und sich darin räkelt. So kann sich das Gefühl verwandeln: nicht weil das das Ziel wäre, sondern weil es da sein darf. Das scheint etwas paradox: Es verändert sich, weil es Raum bekommt und zugelassen wird, und nicht, weil ich es beseitigen will.

Ein anderer möglicher Umgang mit den Gefühlen könnte sein, sie innerlich zu begrüßen: »Ja, da bist du, ›Unsicherheit‹. Schön, dass du da bist. Ich sehe dich, ohne Bewertung und Aktion.« Vielleicht erscheint dann die Sicherheit, die ja die andere Seite derselben Medaille ist.

Wir existieren nicht nur in Angst, Wut oder Traurigkeit, wir sind immer auch angefüllt mit Sicherheit, Kraft, Freude und Glück. Es ist nur die Frage, was momentan im Vordergrund steht. Es ist hilfreich, im Bewusstsein zu haben, dass *alles* da ist: ein unendlicher Reichtum und eine große Fülle an Liebe zu uns selbst und unseren Mitmenschen.

Wenn ich mich selbst wahrgenommen, gespürt und geerdet habe (das heißt, mir meines Körpers bewusst geworden bin), bin ich gefordert, mein Kind wahrzunehmen, jetzt im Augenblick.

Es schreit, weint, der ganze Körper schreit, die Stimme ist laut und schrill, die Haut rot. »Du bist haltlos, dir ist alles zu viel, du bist unruhig, müde, hungrig, du brauchst Verbindung und Kontakt. Du willst gesehen werden, du vertraust darauf, dass ich mit deinem Schreien umgehen kann, du mutest dich mir zu und sagst mir, was dich bedrückt.«

Das Kind bringt sich mit seinem Schmerz und der Erwachsene mit seiner Person ein, seinem persönlichen Umgang mit Schmerz. Das gegenseitige Wahrnehmen nährt beide, da so beide miteinander verbunden sind. Die Erwachsene lernt sich selbst besser kennen, das Verschüttete und Versteckte wird ausgegraben und angeschaut. Das Kind spürt die Verbundenheit und das Verstehen des Erwachsenen: Es wird akzeptiert und muss nicht aufhören zu schreien oder abgeschaltet werden. So wie es ist, ist es sinnvoll und wird angenommen.

Auch hier gilt das Prinzip, dass die *Akzeptanz* den Raum für das gibt, was da ist. Damit besteht die Möglichkeit, dass es sich verändert.

Immer wenn ich das Schreien abstellen möchte, bekommt es keinen Raum. Ich akzeptiere den Säugling nicht als ganzen, vollständigen Menschen und wie er ist und mit seinen Gefühlen umgeht. Dazu gehören Freude und Leid, Schmerz und Glück, Angst und Sicherheit. Wir als Eltern jagen dem Bild des glücklichen Babys nach, weil wir unsere eigenen Schmerzen nicht anschauen möchten und sie nicht als *Chance zur Entwicklung* nutzen.

Wünschen wir uns nicht alle, wenn wir Schmerzen haben und es uns schlecht geht, dass jemand da ist, der uns versteht, der uns in unserer Traurigkeit annimmt und uns begleitet? Wir wissen: Unser Gegenüber kann unsere Schmerzen nicht wegnehmen und doch unendlich viel tun: da sein, uns verstehen, uns akzeptieren und Raum für die Gefühle schaffen. Wie wohltuend ist es, diesen Raum zur Verfügung gestellt zu bekommen, in dem es nicht darum geht, etwas wegzudrücken, sondern ich einfach da sein darf mit allem, was mich bedrückt.

Das ist es, was Kinder von uns einfordern: Begleitung auch bei Schmerz, Reizüberflutung, Müdigkeit oder Überforderung. So bekommen sie den Raum, die Dinge um sie herum zu verarbeiten, und zwar auf ihre Weise; oft indem sie schreien. Kinder brauchen – wie alle Menschen – diesen Raum und die Begleitung, und zwar von Mensch zu Mensch auf Augenhöhe.

Nehmen wir ihnen die Möglichkeit und ihre Weise der Verarbeitung nicht! Dies geschieht zum Beispiel, wenn wir ihnen unbedingt einen Schnuller angewöhnen wollen oder sie mit anderen Möglichkeiten und Aktionen ablenken, weil wir so verzweifelt sind und nicht weiterwissen. Dann wird das Kind im Auto hin- und hergefahren, es wird im Kindersitz auf die Waschmaschine gesetzt, damit es vibriert – oder der Fön wird angestellt.

Was erfährt ein Kind durch solche Aktionen?

»Meine Eltern wissen nicht weiter, sind unsicher, *was total okay ist.* Sie behandeln mich wie eine Maschine, bei der immer wieder neue Knöpfe ausprobiert werden, um mein Schreien abzustellen. Sie wollen sich nicht mit mir und sich selbst beschäftigen und auseinandersetzen. Sie nehmen mein Beziehungsangebot nicht an und nehmen sich selbst und mich nicht ernst, weil sie mein ›Geschrei‹ nicht länger ertragen können.«

Eine neue Haltung oder auch der Schritt, sich Hilfe zu holen, erfordern Mut und Offenheit, Vertrauen in die Entwicklung und das Leben.

Die Beziehung zu Kindern bietet uns – wenn wir uns wirklich auf eine Ich-du-Beziehung einlassen – die Chance, uns zu verändern und zu entwickeln und verschüttete und festgeschriebene Glaubensmuster aufzulösen, die unser Leben beschränken; und zwar *jeden Tag von neuem.* Es gibt immer wieder intensive Momente der Begegnung, in denen wir als Subjekte, als ganze Personen gefragt sind.

Beziehungen werden jeden Tag neu gestaltet, sie sind nicht festgeschrieben, so wie es keine feste Ich-du-Beziehung gibt. Das wäre ein

Widerspruch in sich, denn *Beziehung ist fließend.* Sie entwickelt sich und besteht im Hier und Jetzt, in diesem Augenblick. Wichtig ist, die Gelegenheiten zu nutzen, die Kinder uns schenken, um eine Haltung und einen Bewusstseinsprozess zu fördern, die helfen, immer tiefer in diese Entwicklung einzusteigen. Dann öffnen sich bisher unvorstellbare Räume für die Liebe zu uns selbst und den Mitmenschen. Kinder sind Boten Gottes, um die Liebe immer wieder neu in die Welt zu bringen.

Durch den Kontakt und das Zusammenleben mit unseren Kindern haben wir die Chance, die Kinder und uns selbst besser kennenzulernen und zu verstehen.

Um Kindern als eigenständige Personen zu begegnen, ist es notwendig, dass wir uns unserer Handlungen bewusst werden. Wir müssen uns klarmachen: Wie spreche ich mit meinem Kind, wie handle ich? Ich muss in einen dauernden Prozess der Selbstreflexion gehen – immer und immer wieder. Es gibt keine Haltung, die ich einmal erarbeitet habe, sondern eine lebendige Haltung verlangt ein ständiges Gewahrsein oder Handeln im konkreten Augenblick. Sobald ich unbewusst werde und das Gewahrsein verschwindet, springt meist das Alltagshandeln ein, mit dem auf eingeübte Verhaltensweisen und oft auf das Bild »Kinder sind Objekte« oder die Vorstellung von perfekten Eltern zurückgegriffen wird.

Auch in Stresssituationen greifen Menschen normalerweise auf alte Verhaltensmuster zurück, die sie längst hinter sich lassen wollten, und verwenden Sätze aus der eigenen Kindheit, die sie verletzt hatten, etwa: »Jetzt stell dich doch nicht so an.« Das ist vollkommen normal und auch okay.

Das Wesentliche ist jedoch, dass ich mir klarwerde, wie ich gehandelt habe. Ich muss bereit sein, neben mich zu treten, zu reflektieren und darüber nachzudenken, was gerade passiert ist. Es geht nicht darum, sich selbst fertigzumachen, in die Ecke zu stellen oder gar ein schlechtes Gewissen zu haben. Das wäre kontraproduktiv! Es geht darum, konkret zu schauen, was bei mir in diesem Moment ablief. Diese Grundfähigkeit des Menschen, sein Handeln zu reflektieren und welche Gefühle dabei anwesend waren und sich selbst wahrzunehmen, ist eine Voraussetzung für die Weiterentwicklung und das Herausbilden einer neuen Haltung.

Bei dieser Selbsterkenntnis geht es nicht darum, sich abzuwerten, sondern das eigene Handeln selbst liebevoll anzuschauen und in Liebe wahrzunehmen. Selbsterkenntnis kann nur hilfreich sein, wenn sie in *Liebe* stattfindet, mit Verständnis für und Nachsicht mit sich selbst. Nur so ist Veränderung möglich. Wir verändern unsere Haltung, weil wir es uns zutrauen, dass wir sie verändern können und uns selbst wertschätzen. Das beinhaltet, dass wir uns selbst verzeihen und vergeben, uns so akzeptieren, wie wir sind, und das Vertrauen haben oder entwickeln, dass wir anders handeln können. Wir müssen lernen, uns selbst anders zu denken, damit wir Raum für Neues und Liebevolles schaffen.

Selbsterkenntnis oder Selbstreflexion, die zur Erkenntnis führt, darf liebevoll und leicht sein. Auch da können wir uns an dem Vorbild kleinerer Kinder orientieren, die nicht nachtragend sind und uns einfach verzeihen, auch wenn sie wütend sind. Jeder neue Tag beinhaltet die Möglichkeit für mehr Liebe zu uns selbst und unseren Kindern. Wenn wir in diesen Prozess der liebevollen Selbstreflexion gehen, verändert sich nach und nach unsere Haltung und uns wird bewusster, dass wir mehr sind als unsere Handlungen. So können wir uns in den Beziehungen mit Menschen immer mehr freuen. Wir sollten Geduld mit uns selbst haben, uns selbst und unseren Kindern vertrauen, die uns geduldig immer wieder auf unsere wunden Punkte aufmerksam machen.

Welch eine Verantwortung haben wir als Erwachsene, wenn uns klar wird, wie offen und vertrauensvoll die Kinder uns, dem Leben und der Welt begegnen. Es ist unsere Entscheidung, ob wir uns inspirieren lassen, dieser Herzensliebe Raum geben und uns mit unseren Kindern auf diesen Weg der Selbstreflexion, den Weg zum lebendigen Ich einlassen.

Schützen wir diesen Raum? Stellen wir unseren eigenen Blick auf die Welt in Frage? Sind wir bereit, uns zu entwickeln und unsere Kinder und uns selbst wirklich ernst zu nehmen? Wollen wir das Staunen über kleine Selbstverständlichkeiten wiederentdecken, uns der Freude aus vollem Herzen hingeben? Wollen wir anschauen, was uns daran hindert, das Leben zu genießen und zu gestalten?

Wir sind keine Opfer, dem Leben ausgeliefert, sondern aktive Gestalter:innen unseres Lebens und der Welt! Wir haben alle die Voraussetzungen dafür und bereits als Kinder erlebt und erfahren, wie schön das Leben sein kann, bevor wir viele Bewertungen und Einschränkungen unseres Selbst übernommen und unser Selbstbild entsprechend begrenzt haben. Das ist der normale Lauf der Entwicklung und des Lebens, doch wir brauchen nicht an diesem Punkt stehenzubleiben: Wir sind frei und können bewusst entscheiden und so handeln, dass unser Leben eine andere Richtung annimmt. Dafür sind die Beziehungen und der Kontakt mit Kindern eine besondere Möglichkeit, die uns geschenkt wird.

Klarheit in meinen Werten – Was will ich? – Woran richte ich mein Leben aus? – Vom Müssen zum Wollen

Im Zusammenleben mit unseren Kindern bietet sich eine wunderbare Chance, die Welt auf den Kopf zu stellen.

Kinder funktionieren nicht wie Maschinen, und damit stellt sich uns die Frage: »Wollen wir weiter funktionieren und das Gesellschaftssystem über unsere eigene Menschlichkeit stellen?«

Kinder sagen die Wahrheit; sie nehmen kein Blatt vor den Mund: Wollen wir ihnen beibringen zu lügen?

Kinder begegnen allen Menschen mit Offenheit, Vertrauen und Liebe: Wollen wir, dass sie auf Abstand gehen?

Kinder sind unmittelbar mit sich selbst verbunden und wollen ihr Eigenes entwickeln und sich ganz hingeben: Wollen wir, dass sie lernen, sich zu verleugnen und sich an fremden Regeln und Maßstäben zu orientieren?

Kinder staunen über die kleinen, alltäglichen Wunder der Welt, etwa die Ameise oder den Tropfen Wasser, der am Grashalm hängt. Wollen wir, dass sie der Welt gleichgültig begegnen?

Kinder gehen freudig und voller Entdeckungsdrang in den Tag: Wollen wir, dass wir sie mühsam motivieren müssen, ihre Aufgaben zu erledigen?

Kinder nehmen sich selbst ernst und wichtig: Wollen wir, dass sie sich selbst verleugnen und sich wertlos fühlen?

Kinder leben ihre Gefühle aus: Wollen wir, dass sie sich beherrschen?

Kinder genießen jeden Augenblick ihres Lebens: Wollen wir, dass sie sich langweilen?

Kinder vertrauen sich, uns und dem Leben: Wollen wir, dass sie misstrauisch werden?

Kinder bringen unendliche Liebe mit auf die Welt: Wollen wir, dass sie lieblos werden?

Kinder sind bedürftig und auf uns angewiesen, ihren Schatz, den sie mitbringen, zu nutzen und auszupacken: Wollen wir, dass sie ihn tief in sich vergraben und vergessen?

Kinder orientieren sich und verbinden sich mit ihren Erwachsenen: Wollen wir, dass sie sich uns als »schlechtes« Vorbild nehmen, das nicht für sich selbst sorgen und sich nicht wertschätzen kann?

Kinder liefern sich uns vollkommen aus: Wollen wir ihre Hingabe leichtfertig verspielen, sie enttäuschen, so dass sie misstrauisch werden?

Diese Fragen machen deutlich, welche Impulse Kinder mit auf die Welt bringen und wie stark sie uns dazu herausfordern, uns wirklich von ihnen berühren zu lassen. Kinder brauchen authentische Eltern, die bereit sind, sich auf die Sichtweise der Kinder einzulassen. Sie brauchen Eltern, die die Einladung der Kinder, sich selbst wahrzunehmen, annehmen. Sie brauchen Eltern, die sich von der Freude der Kinder anstecken lassen und die sich auf den Weg machen, sich selbst und ihre Kinder wieder neu kennenzulernen. Sie brauchen Eltern, die die Verantwortung für sich selbst und ihre Sichtweise übernehmen, die die Führungsaufgabe in der Familie wahrnehmen und schauen, wie sie die verschiedenen Bedürfnisse unter einen Hut bringen und dann richtige Entscheidungen treffen können. Sie brauchen Eltern, die bereit sind, Fehler zu machen und daraus zu lernen, die das Leben annehmen und genießen, Eltern, die das spielerisch Leichte, die große Freude aus vollem Herzen, das Leben im Augenblick und die Hingabe an das Wunderbare des Lebens feiern.

Kinder fordern auf, uns darauf zu besinnen, was uns wirklich wichtig ist in unserem Leben, uns unserer eigenen Werte bewusstzuwerden und entsprechend zu handeln und zu leben.

Ein wichtiger Schritt in diese Richtung ist, dass wir vom Müssen zum Wollen kommen. Wir sind es gewohnt, zu funktionieren, und es gibt unendlich viele Sachen, die wir tun *müssen!* Wenn wir es schaffen, vom Müssen zu einem bewussten Wollen zu kommen, sind wir einen sehr großen Schritt weiter.

Das bedeutet nicht weniger, als einen vollständigen Perspektivwechsel vorzunehmen: vom Ausgeliefertsein, vom Opfer der Strukturen oder der Vorgaben hin zur aktiven Gestaltung, zum Handeln aus freiem Willen und der eigenen Erkenntnis dessen, was Raum gibt und Freude schafft. Mit einem solchen Willensakt können wir auch überprüfen, ob unser Handeln mit unseren persönlichen Werten übereinstimmt.

Ein Beispiel: Mein Kind schreit nachts, und ich bekomme das Gefühl, dass ich jetzt für mein Kind sorgen und aufstehen *muss*. Das heißt, dass ich ein Bild oder die Rolle der Mutter im Kopf habe, die sofort aufspringen muss, wenn ihr Kind weint. Damit bestimmen das Kind und meine festgeschriebene Rolle, was ich tun muss: Ich werde passiv und im schlimmsten Fall ärgere ich mich, wenn es häufig vorkommt, über mein Kind. Dieses Gefühl des Müssens und damit verbunden das Gefühl, dass mein Kind über mich und mein Leben bestimmt, behindert eine fruchtbare Beziehung zwischen mir und meinem Kind.

Wenn mir klar wird, dass ich selbst entscheide, was ich tun will – und zwar nicht aus dem Kopf, sondern aus dem Herzen – merke ich oder gestehe ich mir ein, dass ich total müde bin und viel lieber weiterschlafen würde. Ich überlege, was gerade Vorrang hat: mein Schlaf oder das Weinen meines Kindes. Wenn es das Weinen meines Kindes ist, dann wende ich mich jetzt *freiwillig* meinem Kind zu. Was ich dann mit meinem Kind mache, ob ich mit ihm spreche, es streichle, zu mir ins Bett hole, es auf den Arm nehme oder es schaukle, ist ganz allein meine Entscheidung, mein Wille.

Ich werde zu nichts gezwungen oder muss nichts tun.

So bekommt die Beziehung zu meinem Kind eine ganz andere Dynamik, eine andere Ebene. Wir begegnen uns auf Augenhöhe, als gleichwertige Menschen, die sich *freiwillig* aufeinander einlassen. Ich übernehme die Verantwortung für meine Handlungen und schiebe sie nicht dem Kind, der Gesellschaft oder den Normen zu. So bringt sich die Erwachsene in Einklang mit ihren Handlungen und übernimmt die Verantwortung für sich. Wir alle wollen gerne über unser Leben bestimmen und fühlen uns doch oft ausgeliefert. Durch den Wechsel vom Müssen zum Wollen verändert sich unser Standpunkt. Es wird glasklar, wovon ich mich tatsächlich begrenzen lasse. Die Erwachsene ergreift die Initiative, ist aktiv und übernimmt die Verantwortung für ihr Handeln. Sie stellt sich bewusst in einen Vorgang hinein und ist entscheidungsfähig.

Für kleine Kinder ist dieses »ich will« selbstverständlich, da sie sich noch nicht begrenzen und auch nicht gelernt haben, »was sich nicht gehört«. Sie sorgen für sich selbst. Ein »Muss« erleben sie erst bei den Erwachsenen und erfahren damit, dass das Muss anscheinend mehr gilt als das Wollen. Meist wird es benützt, wenn es an persönlicher Autorität oder Selbstfürsorge mangelt – also an Verantwortung für sich selbst.

Kinder haben dafür kein Verständnis. Sie wünschen sich Erwachsene, die zu dem, was sie wollen, stehen und sich dafür einsetzen, anstatt sich hinter Vorgaben (dem Müssen) zu verstecken.

Deswegen fordern sie uns immer wieder heraus und wollen den Kontakt und die Beziehung zu der Person, die hinter dem Müssen steht. Ihre Frage an uns ist immer sehr persönlich: »Wer bist du, was ist dir wichtig, wie gestaltest du dein Leben, welche Normen und Werte hast du übernommen?« und »Bist du sicher, dass du das, was du gerade tust, wirklich willst?«

Eine hilfreiche Übung ist, sich selbst zu beobachten, sich neben sich zu stellen und aufmerksam wahrzunehmen. Wie oft sage oder denke ich: »Ich muss«, »Man muss« oder »Ich kann nicht«, und in welchen Situationen kommt es vor? So verschaffe ich mir einen Überblick über die Begrenzungen, die ich mir selbst erschaffen habe. So kann ich mich bei jedem einzelnen Muss fragen: »Will ich das wirklich?«

Es könnte sich lohnen, einfach einmal auszuprobieren, wie es ist, wenn ich nichts mehr muss, etwa in Form eines »Wundertags«, an dem ich mir die Freiheit nehme, nichts zu müssen.

Es geht darum, Erfahrungen zu sammeln und ein Bewusstsein für die eigene Enge zu entwickeln. Es gilt, die Passivität hinter sich zu lassen und selbst aktiv zu werden. Menschen, die tätig sind, können sich mehr freuen und das Leben gestalten. So ändere ich meine Haltung gegenüber meinem eigenen Leben. Kinder sind unsere großen Lehrmeister, die uns helfen, uns selbst wieder in den Blick zu nehmen und uns wertzuschätzen. Das wäre dann eine Kultur des »Wollen-Wollens«.

Erwachsene als Handelnde, die Fehler machen – Schuld und Verantwortung

Das Zusammenleben mit Kindern ist bunt, vielfältig und lebendig. Nicht immer handeln wir so, wie wir es uns wünschen oder wie es unseren Werten entspricht. Wir machen Fehler, sind ungeduldig, ungerecht und beleidigt. Auch wenn wir aus bestem Wissen und Gewissen handeln, ergibt sich daraus nicht automatisch das Gute, das wir uns vorstellen. Doch sind wir auf der Welt, um zu handeln und durch unser Tun die Welt zu verändern. Das bedeutet, dass wir nicht *nicht* handeln können. Im Handeln steckt die Möglichkeit der Schuld – möglicherweise machen wir uns schuldig und machen Fehler, die uns oder unseren Mitmenschen schaden. Dazu gibt es keine Alternative, denn das Leben ist Handeln; auch für unser Nicht-Handeln sind wir verantwortlich. Jegliche Aktivität, auch Passivität, beinhaltet die Möglichkeit, uns oder unseren Mitmenschen wehzutun – auch wenn wir es nicht beabsichtigen. Meistens haben wir das Gute im Blick. Das heißt noch nicht, dass es auch hilfreich ist. Das Böse in der Welt geschieht meist, weil wir das Gute wollen, aber unachtsam, ohne Bewusstsein handeln.

Die allermeisten Eltern verletzen ihre Kinder nicht mit der Absicht, ihnen wehzutun, sondern meist aus bestem Wissen und Gewissen – sie handeln so, wie sie es gelernt haben oder denken, dass es gut für die Kinder ist. Und sie haben gute Gründe dafür: Es ist aus ihrer Sicht absolut sinnvoll, so zu handeln.

Unsere Aufgabe als Eltern ist es, zu handeln und die Rückmeldungen der Kinder wahrzunehmen, dann darüber zu reflektieren und die Augen aufzumachen für Fehler, die vielleicht geschehen sind, und die Verantwortung dafür zu übernehmen. Es geht darum, sich die fehlerhaften Handlungen bewusstzumachen, weil nur dann die Möglichkeit besteht, unser Tun zu verändern.

Unsere Aufgabe ist nicht die Fehlervermeidung! Dies wäre ja kaum möglich und würde uns auch auf die falsche Spur der Perfektion führen. Wir sollten versuchen, uns unsere Fehler bewusstzumachen, um sie bei künftigen Handlungen berücksichtigen zu können. So entwikkeln wir uns, lernen aus schwierigen Situationen und aus den Fehlern, den Stolpersteinen, die im Weg liegen.

Kinder sind die Impulsgeber, die sich mit ihrem ganzen Wesen uns *in* den Weg stellen, damit wir wacher für das werden, was wir tun, und mit ihnen wachsen können.

Das ist der eine Aspekt: das Bewusstmachen von Fehlern und aus ihnen zu lernen. Das ist mir im Zusammenleben mit meinen Kindern oft leichter gefallen als der andere Aspekt: mir für meine Fehler zu vergeben.

Wie gehe ich mit meinen erkannten Fehlern und in diesem Prozess mit mir selbst um? Wenn ich mich schuldig fühle und in meinen Schuldgefühlen steckenbleibe, kritisiere ich mich dann als schlechte Mutter, als eine Person, die sowieso nichts auf die Reihe bringt, und hadere ich mit mir?

Die Gefahr angesichts des Fehlers ist, in der Vergangenheit und in alten Denkstrukturen hängenzubleiben, die mit dem Fehlermachen wieder neue Nahrung erhalten haben. Dann bleibe ich in meinem Kopf, bewege mich auf vorgefertigten Denkbahnen, die ich mir aufgrund von vergangenen Erlebnissen angelegt und verfestigt habe. Auch alte Glaubensmuster, wie: »Du kannst das nicht, bist unfähig, du bist wertlos und nicht liebesfähig«, kommen wieder zum Vorschein. Alles, was mit einem schlechten Gewissen zu tun hat, tut weder uns noch unseren Kindern gut.

Der Begriff der Schuld spielt dabei eine besondere Rolle. Ist mein Kind in seiner Entwicklung langsam oder ängstlich und fühle ich mich dafür verantwortlich, da ich es wohl nicht richtig gefördert habe, macht das mich zur allein Schuldtragenden, wie mein Kind heute ist. Das assoziiert auch, dass ich mich als alleinige Bestimmerin oder Herrscherin sehe, die durch ihr Handeln festlegt, wie sich ihr Kind entwickelt. Die Eltern haben bei dieser Sichtweise die Kontrolle und die Macht, wie sich ihr Kind entwickelt. Dieser Herrschaftsanspruch und die eindimensionale lineare Denkweise sind im Zusammenleben mit Kindern jedoch vollkommen unangebracht.

Kinder sind keine Maschinen, die sich auf die eine oder die andere Art entwickeln, wenn ich dies oder jenes mache. Das Kind würde damit praktisch als willens-, bewusst- und seelenlos gesehen wie ein Stück Ton in meiner Hand, das ich formen kann. Das Kind kann nichts beitragen; es ist, so gesehen, formlose Masse. Das Kind als selbstbestimmtes Wesen, das sich in der Verbindung mit anderen Menschen auf seine ureigene Art und Weise entwickelt und sein ganz Eigenes mitbringt, wird dabei vollkommen aus den Augen verloren.

Natürlich beeinflusse ich durch mein Handeln und meine Worte meine Umgebung ebenso wie mein Kind. Ich bin für mein Verhalten und für die Impulse verantwortlich, die ich aus den Rückmeldungen meines Kindes aufnehme und durch die ich mit immer mehr Bewusstsein tätig werde. Ich bin verantwortlich für das, was ich tue. Ich bin nicht verantwortlich oder schuldig für das, was das Kind daraus macht und wie es damit umgeht.

Ein Beispiel im Hinblick auf Ängste: Mein Kind hat Angst vor Hunden. Da ich selbst sehr unsicher im Umgang mit Hunden bin, gebe ich mir die Schuld, dass mein Kind Angst vor Hunden hat.

Ich bin natürlich verantwortlich für meine eigene Unsicherheit und wie ich mit ihr umgehe. Ich kann versuchen, sie vor meinem Kind zu verstecken und spiele ihm die selbstbewusste Mutter vor, wenn uns ein Hund entgegenkommt – das ist jedoch nicht hilfreich für mein Kind. Trotzdem ist das vielleicht in dem Augenblick für mich die einzige Lösung.

Ich könnte auch mit meinem Kind über meine Unsicherheit sprechen und ihm erzählen, welche Lösungen ich für mich bei der Begegnung mit Hunden gefunden habe.

Ganz gleich, für welche Handlungsmöglichkeit ich mich entscheide: Das Kind wird seine ganz eigene Art und Weise entwickeln, mit Hunden umzugehen.

Natürlich gibt es für Kinder hilfreiche und weniger hilfreiche Verhaltensweisen: Es ist ganz und gar nicht egal, wie ich mich verhalte. Dabei kann sich im Nachhinein herausstellen, dass es falsch war. Wir sind eben keine perfekten Menschen – und das ist gut so.

Leichter und besser wird das Zusammenleben, wenn ich in diesen Momenten spielerischer mit meinen Verhaltensweisen umgehen kann, indem ich sie als etwas nehme, das sich immer wieder wandelt, genauso wie wir und unsere Kinder uns stets wandeln und weiterentwickeln.

Ich bin dafür verantwortlich, mein gemeinsames Leben mit meinen Kindern zu gestalten, dabei meine Fehltritte als Erfahrungen anzunehmen und mir dafür zu vergeben, etwa, weil ich mit zu wenig Bewusstsein an die Sache hergegangen bin. Indessen darf ich mir zugestehen, dass ich es so gut gemacht habe, wie es mir möglich war.

Wenn ich mich gegenüber meinem Kind schuldig fühle, zeigt das, dass ich mich als Herrscherin über die Kinder sehe. Kinder sind jedoch von Anfang an eigenständige Personen, die die Impulse so aufnehmen oder übernehmen, wie es für sie passt, und die ihr Leben selbst bestimmen können und wollen. Sie sind von Anfang an aktiv Handelnde. Ein weiterer möglicher Gedanke könnte sein, dass sich Kinder ihre Eltern lange vor der Geburt aussuchen und umgekehrt. Wer diesen Gedanken denken möchte, könnte dann davon ausgehen, dass sie sich also genau in diese Familie begeben würden, weil sie sich dort am besten weiterentwickeln oder Probleme bearbeiten könnten.

Sobald ich als Erwachsene meinen Eltern die Schuld dafür gebe, wie ich heute bin, zum Beispiel unglücklich und bankrott, gebe ich mein Leben aus der Hand und lasse es von meinen Eltern bestimmen. Es geht dann darum, das Leben wieder in die eigenen Hände zu nehmen und selbst zu bestimmen, wie es verläuft.

Wir sind für unser Handeln verantwortlich, doch nicht schuldig. Es ist unsere Aufgabe, Schlussfolgerungen aus unseren Handlungen zu ziehen, um sie in unser zukünftiges Handeln mit einzubeziehen.

Genauso machen es Kinder. Sie probieren etwas aus und machen Fehler. Wenn etwas nicht so funktioniert, wie sie es sich vorstellen, kann es sein, dass sie wütend, ärgerlich oder frustriert sind, doch sie stellen sich als Person, als lebendiges, liebevolles Wesen nicht in Frage. Sie passen ihre Verhaltensweisen einfach ihren Erfahrungen an – ohne jegliches schlechte Gewissen. Was wir als Eltern und als Erwachsene wieder brauchen, ist diese liebevolle und offene Haltung uns gegenüber und Mitgefühl für uns selbst.

Kinder in den ersten Lebensjahren vergeben uns uneingeschränkt und lieben uns vorbehaltlos. Sie sind in keiner Weise nachtragend. Wir als Erwachsene sollten unsere Herzen deshalb wieder für uns selbst öffnen und uns als die wahrnehmen, die wir sind: wertvoll, voller Liebe mit Mitgefühl für unsere eigenen Verletzungen und die Fehler, die wir gemacht haben. Wir dürfen uns selbst aus vollem Herzen das vergeben, was wir unseren Kindern manchmal unbewusst antun – und damit ohne schlechtes Gewissen wieder frei und handlungsfähig werden. Die Erlaubnis dazu können wir nur uns selbst erteilen. Das brauchen Kinder von uns: Eltern, die liebevoll mit sich selbst umgehen, damit sie selbst nicht verlernen, ebenfalls liebevoll mit sich umzugehen und sich selbst wertzuschätzen.

Wir können neue Denkgewohnheiten ausbilden, die durch regelmäßiges Üben zu Grundhaltungen werden und unser Leben verändern.

3
Wie können sich Kinder von Erwachsenen bereichern lassen? Wie Kinder mit Erwachsenen groß werden

Liebe der Erwachsenen für ihre Kinder – Wahrnehmung

In den vorherigen Kapiteln ging es darum, wie Kinder uns lieben, wie sie uns ernst nehmen und offen auf uns zugehen. Sie geben sich sprichwörtlich in die Hände ihrer Erwachsenen und lassen sich auf das ein, was ihnen begegnet. Kinder bringen alles ein, was für eine bereichernde, förderliche Beziehung nötig ist. Sie sind mit sich selbst verbunden, drücken direkt aus, wie es ihnen geht und was sie beschäftigt, sind präsent im Hier und Jetzt und verbinden sich voller Vertrauen mit ihrem Gegenüber. Sie haben keine Vorerwartungen, Ängste oder Bewertungen, die sie hindern würden, offen in die Beziehung einzutreten.

Viele Erwachsene (so war es auch bei mir) erschrecken anfangs vor diesem großen Vertrauen der Kinder und durch ihr Ausgeliefertsein an uns. Wann erleben wir es schon, dass sich jemand vollkommen hingibt, Liebe verbreitet und uns zu hundert Prozent vertraut und so akzeptiert, wie wir sind? Diese Verantwortung ist immens und doch tragbar, da wir alle Instrumente in uns haben, um unsere Kinder ungefähr vierzehn Jahre lang intensiv zu begleiten – und weil sie in dieser Zeit sehr geduldig mit uns sind.

Wir bekommen dabei die Aufgabe, mit uns selbst in Kontakt zu treten. Kinder spiegeln unsere Schattenseiten, unsere unbearbeiteten Themen wider. Sie weisen uns auf sie hin, damit wir die Verantwortung für sie übernehmen und genau hinsehen.

Das macht die Beziehung unserer Kinder zu uns aus: ihre Liebe und Hingabe zu uns und der Welt. Jetzt stellt sich die Frage: Wie sieht die Liebe der Erwachsenen für ihr Kind aus? Was braucht es von uns und wie spürt oder bemerkt mein Kind meine Liebe? Wie wird sie deutlich?

Manche überschütten ihre Kinder mit Spielzeug, weil das ihre Form der Liebe ist. Sie kaufen ihnen alles mögliche und wundern sich dann, wenn ihre Kinder immer mehr und noch mehr haben wollen. Die Kinder übernehmen diese Art der Zuwendung, passen sich der Form ihrer Eltern an und merken doch, dass ihnen etwas fehlt: Darum verlangen sie immer mehr. Sie vermissen ihre Eltern, ihr Gegenüber, eine verantwortliche Person, die sie als lebendige Menschen wahrnimmt und die sie mit ihren Stärken und Fähigkeiten sieht. Sie wehren sich dagegen, sich mit materiellen Gütern abspeisen zu lassen.

Die Eltern, die ihre Kinder mit materiellen Dingen überschütten, kennen vielleicht nur diese Art der Liebe. Sie haben vielleicht keine Vorbilder oder nie erlebt, wie Liebe anders ausgedrückt werden kann.

Andere Eltern denken: »Mein Kind lieben heißt, sich ganz auf die Wünsche und ›Bedürfnisse‹ meines Kindes einzulassen und sie zu erfüllen.« So werden Kinder gefragt, was heute gekocht wird, wo es im Urlaub hingehen soll oder wann sie ins Bett gehen wollen. Die Eltern werden zu Dienstleistern, und statt Liebe erlebt das Kind einen Wunscherfüllungsautomaten.

Es geht nicht darum, dass die Wünsche der Kinder nicht beachtet oder die Kinder nicht nach ihrer Meinung gefragt werden sollten, sondern es sollte geklärt sein, welche Verantwortung von welcher Seite getragen werden muss. Kinder sind für sich selbst zuständig! Als Erwachsene müssen wir in der Beziehung mit unseren Kindern die Verantwortung für uns, unsere Bedürfnisse, die Bedürfnisse der Kinder und für die Stimmung in unserer Familie übernehmen.

Wenn wir unsere Kinder lieben, wollen wir, dass es ihnen gutgeht und ihre Wünsche erfüllt werden. Wir bleiben an der Oberfläche, wenn das Gutgehen der Kinder dabei allein von äußeren Dingen abhängig ist.

Wir können uns, um das Ganze zu verdeutlichen, eine Liebesbeziehung zwischen einer Frau und einem Mann vorstellen. Der Mann versteht die Liebe zu seiner Frau so, dass er ihr jeden Wunsch von den

Augen abliest: Er kauft ein Haus, kocht für sie, schenkt ihr die teuersten Kleider, reist mit ihr um die Welt, hört ihre Musik, schaut ihre Filme, isst nur noch, was ihr schmeckt und richtet sein ganzes Leben nur noch nach ihr aus. Nach kurzer Zeit beendet sie die Beziehung. Der Mann kann überhaupt nicht nachvollziehen, warum sie sich von ihm getrennt hat, da er doch alles für sie getan und sich selbst für sie aufgegeben hat. Die Frau sagt ihm, dass er sie nie wirklich wahrgenommen und gesehen hätte. Sie wirft ihm vor, er liebe nur sein Bild von ihr und sich selbst als großzügiger Geschenkeverteiler. Außerdem trete er nicht mit ihr in Beziehung.

Ich denke, dieses Beispiel macht deutlich, wie eindimensional der Gedanke ist, dass Liebe sich auf die Erfüllung von Wünschen oder das vollkommene Anpassen an das Gegenüber beschränkt. Liebe geht tiefer, sie ist nichts, was wir *haben*, sondern sie ermöglicht uns in einen gemeinsamen Liebesprozess einzusteigen. Wenn sich eine Person vollständig aufgibt, ist keine Liebe mehr möglich. Liebe braucht immer Beziehung, ein Gegenüber, ein Subjekt, das zu sich selbst steht.

Auch in der Eltern-Kind-Beziehung ist Liebe nichts, was einfach da ist. Von der Elternseite aus ist es nötig, dass Eltern ihr Kind *wirklich sehen*, statt sich an einer festen Vorstellung davon festzuhalten, was ein Kind benötigt. Die Eltern müssen bereit sein, ihr Kind in jedem Moment immer wieder neu wahrzunehmen und sich immer wieder neu ihr Bild zu machen, um das lebendige Kind, das sich entwickelt und verändert, sehen zu können.

Kinder wollen so, wie sie sind und wie es ihnen im gegenwärtigen Augenblick geht, gesehen und wahrgenommen werden. Sie vertrauen darauf, dass ihre Eltern sie genauso ernst nehmen, wie sie ihre Eltern ernst nehmen. Wenn sie die Erfahrung immer wieder machen, dass sich ihre Eltern wirklich Raum und Zeit nehmen, um sie zu verstehen, sie wirklich zu sehen und sich in sie hineinzuversetzen, die Welt aus ihrer Perspektive zu betrachten, dann ist die Grundlage für eine intensive und bereichernde Beziehung gegeben. Je öfter solche intensiven Liebesbegegnungen und Erfahrungen gemacht werden, um so besser gelingt es, die Liebesfähigkeit wieder zu entdecken und weiterzuentwickeln, bis sie sich schließlich zu einer Liebes*haltung* ausbilden kann.

Sein Kind lieben heißt, es so, wie es ist und wie es sich im Moment zeigt – mit allen Macken, Fehlern und Unzulänglichkeiten – als lebendige, eigenständige Person zu erkennen. Es gilt hierbei, sich vollkommen von eigenen Vorstellungen über das Kind freizumachen und ebenso von einem Verbesserungsbedarf, der mit diesen Vorstellungen möglicherweise verbunden ist. Dasselbe gilt für die Versuchung, das eigene Kind mit anderen zu vergleichen.

Das heißt nicht, dass ich jedes Verhalten akzeptieren oder jeden Wunsch meines Kindes erfüllen muss! Es geht um die Wahrnehmung, das Sehen des Kindes und seiner Wünsche, die hinter jedem Verhalten stecken.

Ihr Bedürfnis nach Liebe, nach Gesehen- und Wahrgenommenwerden ist die Grundlage für alles weitere, was Kinder von uns benötigen. Die Kinder wollen in diesem Augenblick in ihrer Präsenz erkannt werden. Indem Eltern immer wieder in den lebendigen Prozess mit dem Kind gehen, können Kinder diese Erfahrung immer wieder machen. So bewahren sie ihr Vertrauen in sich und die Welt.

Wir müssen uns also immer wieder die Frage stellen: Woran merkt mein Kind, dass ich es jetzt liebe?

Liebe in Beziehung – Halt – Raum zum Lieben

Die Liebe der Eltern erfordert mehr als nur die Wahrnehmung der Kinder. Sie ist auf die konkrete Beziehung zwischen der Mutter oder dem Vater als eigenständige Personen und dem individuellen Kind ausgerichtet. Liebe bedarf eines Gegenübers. So, wie in dem Liebesbeispiel zwischen Mann und Frau im vorherigen Abschnitt beschrieben, muss auch die Person, die Liebe schenkt, in Erscheinung treten und zu einem Austausch bereit sein. Es bedarf der Präsenz der Erwachsenen. Wie sich dieser Aspekt in der Vergangenheit bis heute entwickelt hat, beschreibe ich im Folgenden.

Früher verstanden die Eltern die Liebe zu ihren Kindern so, dass sie ihnen die festen Traditionen, allgemeinen Regeln und Normen der Gesellschaft verdeutlichen und vermitteln sollten. Kinder sollten durch ihre Hilfe lernen, ein Teil der Gesellschaft zu werden und den Verhaltensregeln, dem allgemeinen Kodex zu folgen. Die Eltern mussten sich nicht überlegen, was ihnen wichtig war oder wie sie den Alltag mit Kindern gestalten wollten. Ihre Rolle als Oberhaupt der Familie, die dafür Sorge tragen musste, dass sich ihre Kinder in die Gesellschaft und die Familie eingliedern, war klar definiert. Ihre Liebe bestand darin, dass sie die Regeln umsetzten. Sie wussten durch die allgemeinen Regeln, was für ihre Kinder am besten ist. Bei Nichteinhaltung der Regeln gab es für die Kinder Strafen wie Prügel oder Hausarrest. Das machten alle so; es war gesellschaftlicher Konsens und wurde von allen Seiten als dringend notwendig und sinnvoll erachtet. Die Erwachsenen waren die Herrscher, weil sie »wussten«, wie das Leben funktioniert, und die Kinder die Untergebenen, die zu gehorchen hatten und sich in die Hierarchie einordnen sollten. Viele von uns kennen noch den Spruch: »Solange du deine Beine unter meinen Tisch streckst, bestimme ich, wie es hier läuft.« Die Kinder hatten klare Vorgaben, wie sie sich zu verhalten hatten.

Da die Erwachsenen nur in der Familie und in der Schule präsent waren, nutzten viele Kinder ihren Freiraum mit Gleichaltrigen, um sich auszuprobieren. Ihre Freizeit war nicht verplant und ermöglichte ihnen, sich selbst zu erfahren, indem sie auf Bäume kletterten, den Erwachsenen Streiche spielten oder sich ins Spielen vertieften.

Es gab in dieser Zeit zwei Welten: Die *Erwachsenenwelt*, in der sich Kinder unterordnen mussten und Normen mit Gewalt durchgesetzt wurden, und die *Kinderwelt*, in der die Erwachsenen nicht vorkamen. Die klaren Vorgaben in der Erwachsenenwelt, wie sie mit Kindern umzugehen hatten, gaben den Eltern Sicherheit; sie machten sich keine Gedanken, ob ihr Verhalten richtig oder schädlich für die Kinder war.

Im Laufe der Zeit, auch verbunden mit der demokratischen Entwicklung der Gesellschaft, veränderte sich der Blick auf Kinder. Immer öfter stellte sich die Frage, ob die Erwachsenen wirklich wussten, was das Beste für die Kinder ist und ob sie mit ihrer Ansicht, wie die Welt gut funktioniert, tatsächlich recht hatten. Die Liebe der Eltern zeigte sich nicht länger darin, dass sie mit Gehorsam und Strafen die Regeln der Gesellschaft umsetzten, sondern dass sie Kinder als eigenständige Personen mit eigenen Bedürfnissen ernst nahmen, die ihren Beitrag zu einer Entwicklung der Gesellschaft leisten konnten. Nun standen die Kinder im Mittelpunkt. Ihr Spielen wurde in Augenschein genommen, ihr Verhalten beobachtet und ihre Fähigkeiten beachtet. Das Potential und die Möglichkeiten der Kinder wurden erkannt. Dies führte zu einer anderen Sichtweise darauf, was Elternliebe bedeutete: Aus den bislang als Untergebene betrachteten Kindern wurden so Wissende oder Herrschende, die Raum brauchten, um sich zu entwickeln.

In den Jahrzehnten zuvor waren die Erwachsenen diejenigen, die alles wussten und deren Liebe zu den Kindern darin bestand, es ihnen zu vermitteln. Jetzt war es umgekehrt. Die Kinder wurden als schützenswert betrachtet, wussten selbst am besten, was sie brauchten und wie sie behandelt werden sollten.

Die Liebe der Erwachsenen zeigte sich nun darin, dass sie Raum schafften, damit die Kinder ihre Wünsche und Bedürfnisse ausleben konnten. Das hat in der Extremform zu skurrilen Verhaltensweisen der Erwachsenen geführt. Sie wurden zum Personal ihrer Kinder degradiert, egal, ob die sich ein Eis oder einen Teddybären wünschten oder jetzt doch lieber den Himbeer- anstatt den Erdbeerjoghurt haben wollten. Die Liebe der Eltern für ihre Kinder zeigte sich darin, dass sie ihr Bedürfnis, ihr eigenes Leben zu gestalten, vollkommen zurücknahmen und stattdessen nur die Wünsche und Bedürfnisse der Kinder in den Vordergrund stellten. Die Erwachsenen hatten ihre Rolle als oberste Macht verloren und suchten sich daraufhin eine neue Rolle. Da die Kinder nun im Mittelpunkt stehen sollten, wurde den Erwachsenen die dienende Rolle zugewiesen. So wurden die Kinder zu Herrschern, die alles zu bestimmen hatten.

Beide beschriebenen Formen der Elternliebe bestehen auch heute noch in unterschiedlichen Ausprägungen. In diesen Formen findet jedoch keine wirkliche Beziehung zwischen Erwachsenen und Kindern statt. Beide Welten sind einseitig ausgerichtet: in der einen wissen nur die Erwachsenen, wie das Leben funktioniert – in der anderen nur die Kinder.

Eine *echte Begegnung* zwischen der eben beschriebenen *Erwachsenenwelt* mit ihren Erfahrungen, Strukturen und einem Überblick und einer *Kinderwelt*, die geprägt ist von der Lebendigkeit, Wahrnehmung, Offenheit und Hinwendung zu allen Menschen und Dingen, *kann nicht stattfinden.*

Lebendige Liebe, die verändert und deren Potential sich erst in der *wirklichen Beziehung* zwischen Erwachsenen und Kindern eröffnet, kann so nicht gelebt werden.

Alle Eltern lieben ihre Kinder und versuchen, die Liebe in ihrem Alltag umzusetzen. Wie sie die Liebe im Zusammenleben mit ihren Kindern gestalten, ist ihre persönliche Entscheidung. Früher dagegen war eine Entscheidung gar nicht möglich, weil ein allgemeiner Konsens darüber bestand, wie sich die Liebe zu den Kindern zu äußern hatte. Heute müssen und dürfen wir darüber selbst frei bestimmen und es gestalten.

Diese Freiheit bietet einerseits unbegrenzte Chancen – andererseits ist sie nicht einfach auszuhalten. So versuchen wir gerne, uns an festen Vorgaben festzuhalten, etwa indem wir Regeln entwickeln oder aus der Mottenkiste holen, welche Grenzen Kinder zu beachten haben. Doch: Wir können die Freiheit der Entscheidung nicht mehr an irgendjemanden oder irgendeine normative Regel abtreten!

Wenn wir unseren Kindern Grenzen setzen, weil wir diese für notwendig halten, ohne dass wir wirklich hinter diesen Regeln stehen, dann werden die Kinder die Grenzen nicht akzeptieren und die Erwachsenen unweigerlich vor der Frage stehen, wie sie damit umgehen sollen. Dann wird womöglich der Ruf nach Strafen laut, damit die Kinder lernen, wie sie sich zu verhalten haben. Schon geraten Eltern auf eine Ebene, auf der ihre Elternliebe ihren Kindern beibringt, wie sie sich zu benehmen haben. Gleichzeitig merken sie, dass sie das nicht wollen, denn sie wollen ihre Kinder schätzen und ernst nehmen! Ein Dilemma, aus dem es keine für beide Seiten befriedigende Lösung gibt.

Viele Eltern wissen heute nur noch, was sie nicht wollen.

Dieser *wunderbaren Freiheit in der Gestaltung unserer Elternliebe,* die in den letzten Jahrzehnten immer weniger durch gesellschaftliche Normen eingeschränkt wurde, müssen wir uns zunächst einmal bewusstwerden. Ohne den vorgegebenen Rahmen ist alles unsicher.

Im Zusammenleben mit Kindern ergeben sich dadurch Fragen, die wir uns noch nie gestellt haben, und Entscheidungen müssen getroffen werden, die sich uns in dieser Form noch nicht gestellt haben.

Bevor Kinder bei uns lebten, wurden Entscheidungen im Einklang mit uns selbst und unserem erwachsenen Gegenüber getroffen. Ist ein Kind angekommen, sind die Eltern von heute auf morgen verantwortlich für sein Wohlergehen, ohne dass sie es fragen können oder ein gesellschaftlicher Konsens besteht, was das Beste für ein Kind wäre.

Diese heutige, nicht nur am Anfang des Zusammenlebens mit Kindern überfordernde Situation stellt alle Eltern vor große Entwicklungsaufgaben. Es ist schwieriger, aber auch bereichernder für beide Seiten geworden: weil zum ersten Mal in der Geschichte keine Norm besteht, was richtig oder falsch ist. Es gibt zwar einen gesetzlichen Rahmen über Kinderrechte und den Schutz vor körperlicher oder psychischer Gewalt, doch die Ziele der Erziehung, die Form des Zusammenlebens, die Art der Elternliebe werden nirgendwo festgelegt oder beschrieben.

Wenn wir uns auf einen lebendigen Liebesprozess mit den Kindern einlassen und wir sie so lieben wollen, wie wir uns das auch bei einem erwachsenen Gegenüber wünschen – dann müssen wir ihnen als *eigenständige, erwachsene Personen* gegenübertreten.

Wenn wir das nicht wollen und lieber weiter die Rolle eines erwachsenen Besserwissers spielen, der allein bestimmt, was für das Kind das Beste ist, ohne das eigenständige Kind zu sehen, dann ist das unsere Entscheidung.

Auch wenn wir uns entscheiden, dass wir unsere Liebe zu unserem Kind leben, indem wir uns zum Diener unseres Kindes machen, das alles bestimmt, sind wir selbst dafür verantwortlich.

Oft wechselt sich die eine mit der anderen Haltung ab. Für die Kinder ist ein solches Hin und Her noch schwieriger!

Bin ich bereit, mich mit meinem Kind zu entwickeln, dann bin ich als *erwachsener Mensch* gefragt. Kinder brauchen – wie alle Menschen – in der Liebe ein Gegenüber, jemanden, der sie einerseits wahrnimmt und zugleich im Kontakt mit sich selbst ist, sich spürt und die eigenen Bedürfnisse im Blick hat. Das bedeutet, unsere Bedürfnisse, Werte und das, was uns wichtig ist und was wir zum Leben brauchen, auch im Zusammenleben mit unseren Kindern zu vertreten und für die Umsetzung zu sorgen. Wir sind in der Beziehung mit unseren Kindern dafür verantwortlich, *für uns selbst zu sorgen.* Es ist nicht die Aufgabe der Kinder, dafür zu sorgen, dass es uns gutgeht. Wenn ein kleines Kind sagen würde: »Mama, leg' dich einfach mal hin und ruhe dich aus. Ich komme schon allein zurecht«, wäre das vielleicht schon ein Grund mit seinem Kind in eine Beratung zu gehen, da sich in dieser Beziehung die Aufgaben vertauscht haben.

In jeder Liebesbeziehung geht es darum, zu seinem Eigenen zu stehen und dafür einzutreten, auch wenn das bedeutet, einmal nein zu den Bedürfnissen des Gegenübers zu sagen. Nur wenn ich wirklich nein sagen kann, was immer ein Ja zu meinen eigenen Bedürfnissen ist, kann ich auch aus vollem Herzen ja zu meinem Gegenüber und seinen Bedürfnissen sagen.

In einer erwachsenen Liebesbeziehung geht es immer um den Dialog zwischen zwei Menschen: den anderen wahrnehmen und sich selbst wahrnehmen. Beide müssen für sich selbst die Verantwortung übernehmen und gemeinsam Lösungen entwickeln, mit denen beide gut leben können.

In der Liebesbeziehung zwischen Eltern und Kindern ist das etwas schwieriger. Kinder in den ersten Lebensjahren leben im Hier und Jetzt und sind mit sich selbst direkt verbunden. Ihre Bedürfnisse, Wünsche, das, worauf sie Lust haben, drücken sie ganz unmittelbar aus. Sie unterscheiden nicht zwischen den Dingen, die sie zum Überleben brauchen, und den Sachen, auf die sie Lust haben. Auch sprachlich sind sie in den ersten Jahren nicht in der Lage, das auszudrücken, was sie wirklich brauchen. Dieser Lernprozess dauert die ganze Kindheit hindurch an, und viele Erwachsene tun sich heute noch schwer damit.

Kinder sind ganz im Fühlen, nehmen alles auf, was von außen kommt, und treten mit ihrer ganzen Person für das ein, wozu sie momentan Lust haben. Sie haben noch keine Vorstellung davon, dass andere Personen um sie herum andere Bedürfnisse haben. Die Folgen ihrer Handlungen können sie noch nicht überblicken. Kinder stellen sich auf kein Podest, um sich einen Überblick über die Bedürfnisse aller zu verschaffen. Sie haben in ihrem kurzen Leben noch nicht so viele Erfahrungen gesammelt und Rückmeldungen erhalten, um die Bedürfnisse anderer in ihre Entscheidungen einbeziehen zu können. *Ihre Aufgabe in den ersten Lebensjahren ist das Kümmern um sich selbst.* Der Aushandlungsprozess hinsichtlich unterschiedlicher Bedürfnisse kann mit Kindern nicht wie in einer erwachsenen Liebesbeziehung stattfinden.

Zu Beginn des Zusammenlebens mit Kindern im ersten halben oder ganzen Jahr kann es bedeuten, dass zunächst die eigenen Bedürfnisse der Erwachsenen nach Schlaf und Ruhe, ungestörtem Arbeiten, Freizeitaktivitäten und dergleichen sehr stark zurückgestellt werden müssen, weil das kleine Kind im Mittelpunkt steht. Trotz allem gilt es, auch in dieser Zeit die Verantwortung für die eigenen Bedürfnisse im Blick zu behalten, genügend aufzutanken und sich gegebenenfalls Unterstützung zu holen. In dieser Phase ist es besonders wichtig, sich nicht selbst vollkommen aus den Augen zu verlieren: Die Beziehung zum Kind muss ins Zentrum gestellt werden, nicht die Dienstleistungen und alles das, was getan werden muss.

Die Verantwortung für beide Seiten zu übernehmen beinhaltet, dass ich die Macht, die das Kind mir übergibt, indem es sich ganz hingibt und sich ausliefert, vertrauensvoll übernehme. Macht heißt hierbei nicht, über mein Kind zu herrschen und genau zu wissen, was es braucht. Sondern es bedeutet, den Überblick zu behalten, mit meinem Kind in Verbindung zu sein, dessen Bedürfnisse wahrzunehmen, um diese in meine Entscheidungen einzubeziehen.

Hilfreich für den Entscheidungsprozess sind folgende Fragen: »Wie zeigt mein Kind, was es braucht?«, Was sind seine Bedürfnisse?«, »Was brauche ich und wie kann ich meine Bedürfnisse erfüllen?«, »Wo ist es notwendig, dass ich meine Bedürfnisse zurückstelle?«, »Wie kann ich den Raum für mein Kind so gestalten, dass es seine Hingabe und Liebe an die Dinge und Menschen fließen lassen kann?«, »Wie spürt mein Kind meine Liebe?«

Ein Familiensystem ist sehr komplex und erfordert das Abwägen und Handeln im Moment. Wenn wir Erwachsenen unsere Macht nicht annehmen und die Führungsaufgabe nicht übernehmen, dann springen die Kinder in diese Lücke, da sich ein Vakuum auftut. Das ist für niemanden gut, weder für das Kind noch für die Eltern. In solchen Familien werden im Extremfall die Kinder zu Tyrannen. Sie werden es nicht, weil sie es genießen über alle zu herrschen, sondern weil sie in einen Hohlraum gesprungen sind und die Verantwortung für die Familie übernehmen – und diese Rolle füllen sie so gut aus, wie es ihnen möglich ist. Damit machen sie deutlich, dass in der Familie irgendetwas nicht stimmt, die Erwachsenen ihre Verantwortung für sich und die Familie nicht übernehmen und ihnen keinen Halt und keine Sicherheit bieten.

Kinder haben von sich aus keinerlei Interesse an Macht oder Kontrolle! Ihr Interesse liegt darin, gut für sich selbst zu sorgen und mit anderen Menschen in Verbindung zu treten. Sie wollen ihre Familiensituation nicht gestalten und nicht verschiedene Interessen abwägen – dazu sind sie noch nicht in der Lage. Dass sie das nicht können, wird besonders deutlich bei Kindern, die in die eben erwähnte Lücke hineinspringen: in die Verantwortung, die von den Erwachsenen nicht angenommen wird.

Kinder wollen sich hingeben, Dinge erarbeiten, sich in Beziehungen mit anderen erfahren. Sie wollen sich selbst und andere kennenlernen, sich aus vollem Herzen freuen und die Welt entdecken mit allem, was dazu gehört. Sie wollen das Leben genießen und da, wo sie sind, mit ihrem Vertrauen und ihrer Liebe gestalten.

Kinder laden uns ein, zu leben, den Augenblick zu genießen, uns zu freuen, über die kleinsten Dinge zu staunen, unser Herz sprechen zu lassen, dem Lebensfluss zu vertrauen und uns zu entwickeln.

Was Kinder auf die Welt mitbringen – den Kontakt, die Liebe zu sich selbst, die Herzenswärme –, all das muss ich mir als Erwachsene wieder bewusst erarbeiten. Mit Kindern und in der Beziehung zu ihnen wird es viel leichter: Sie öffnen uns wieder den Blick, wie es aussehen könnte, und stoßen die entsprechende Entwicklung bei uns an. Jede entscheidet frei, ob sie diesen Weg bewusst und aktiv gehen will: weg vom Ausgeliefertsein, hin zu einer aktiven Gestaltung des eigenen Lebens. Beziehungen, und besonders Beziehungen zwischen Eltern und Kindern, können *Motoren der Entwicklung* sein! Sie treiben uns voran und ermöglichen uns, genau auf das zu schauen, was Leben ist, wie Liebe spürbar wird, an was wir uns hingeben wollen und wieviel Wärme, Freude und Licht hier leuchten sollen. Kinder und alle Menschen, auf die wir uns einlassen und mit denen wir eine Beziehung eingehen, können Boten des Lichts sein, die die Welt erstrahlen lassen oder uns zumindest die Chance geben, daran zu wachsen.

Erwachsene haben die Führungsposition in der Familie: nicht als autoritäre Führer, sondern als persönliche Autorität. Sie haben die Aufgabe, den Überblick im gesamten Familienalltag zu bewahren, wie ein Kapitän, der sich auf seiner Brücke einen Überblick verschafft, mit seiner Mannschaft in Kontakt ist und sich austauscht. Erst dann trifft er nötige Entscheidungen, bei denen alle Anliegen berücksichtigt werden.

Kinder zu lieben und sich in ihren ersten zwölf bis vierzehn Lebensjahren mit ihnen auf einen Entwicklungsprozess in der Familie einzulassen, bedeutet: Die Erwachsenen müssen ihre eigenen Bedürfnisse, also sich selbst, in den Blick nehmen, die Bedürfnisse und Wünsche der Kinder mit einbeziehen und dann achtsam mit Blick auf Erwachsene und Kinder Entscheidungen treffen. Das ist eine Managementaufgabe, die nicht einfach zu lösen ist, weil die Erwachsenen persönlich betroffen sind.

Die Eltern gestalten, und die Kinder bringen sich mit vollkommener Verbundenheit und Liebe ein.

Allerdings können sich Kinder nur einbringen, wenn dafür Raum geschaffen wird. Je mehr Halt Kinder haben, um so mehr können Kinder auch Kinder sein. Es geht also nicht nur darum, ihnen möglichst viel Freiraum und grenzenlose Welterfahrungen zu ermöglichen. Sie brauchen einen sicheren, geschützten Raum, in dem sie ganz sie selbst sein können. Sie brauchen Erwachsene, die ihnen Sicherheit geben, indem sie Verantwortung für sich selbst übernehmen. In der Grenzenlosigkeit verlieren Kinder sich gern, weil sie sich mit nichts verbinden können: Ihre Liebe braucht Personen und Orte; ansonsten zerfließt sie.

Ein Raum ist ein begrenzter Ort, ein Rahmen in einem Haus, eine Hülle, damit sie sich spüren und erfahren können. So werden, rein körperlich betrachtet, kleine Kinder oft »gepuckt«, damit sie sich spüren. Aber auch im psychisch-seelischen Bereich braucht es Halt, Sicherheit, einen klaren Rahmen.

Es ist Aufgabe der Eltern, diese Hülle zu schaffen, einen solchen Raum oder Rahmen vorzugeben. Früher war der Rahmen klar, heute sind wir ganz frei. In dieser Unsicherheit gestalten manche Eltern einen Rahmen gar nicht mehr oder hängen sich an neue Traditionen, etwa eine bestimmte Art der Erziehung, wie sie in manchen Büchern beschrieben ist – weil sie ihnen Sicherheit gibt. Bücher, Methoden, Richtungen können eine Hilfe sein; sie sind jedoch nur Anregungen. Es kann deshalb hier nicht darum gehen, solche Methoden zu übernehmen oder Richtungen zu adaptieren, sondern aus dem eigenen Wissen heraus das Eigene zu gestalten. Wir sind gefordert als freie, selbst entscheidende Personen! So können wir diese Aufgabe annehmen, um sie kreativ und mit uns selbst vereinbar zu gestalten.

Kinder helfen uns, zu unserem Eigenen zu kommen, indem sie uns Vertrauen und Liebe zu sich selbst und dem Gegenüber vorleben.

Sicherheit kann ich auch als Erwachsene im Kontakt mit mir selbst und in der Beziehung mit anderen Menschen finden und entwickeln.

Zunächst geht es hierbei um einen Erkenntnisprozess, in dem ich mir bewusst klarwerde, was mir wirklich wichtig ist, welche Werte und Regeln mir einleuchten und ich als sinnvoll erachte.

So kann ich mir zum Beispiel folgende Fragen stellen: »Welche Esskultur will ich pflegen?«, »Wie will ich meinen Tag strukturieren – will ich eine Mittagspause und andere Pausen haben?«, »Will ich jede Woche einen Abend für mich alleine haben?«, »Welche Art von Ordnung ist für mich wichtig?«, »Welche Lebensmittel will ich anbieten?«, »Welche Rituale will ich meinem Kind vermitteln?«, »Was ist für mich wichtig beim Essen?«, »Wieviel Raum will ich mir für mich und wieviel für mein Kind nehmen?«, »Welche Lebenskultur will ich pflegen?«, »Was ist mir wichtig im Leben?«, »Was will ich meinem Kind mitgeben?«, »Wie wollen wir zusammenleben?«, »Wie will ich mit Konflikten umgehen?«, »Wieviel Raum will ich der Freude in meinem Leben geben?«, »Wo lohnt es sich für mich, Zeit zu investieren?«

Solche Fragen führen zu lebendigen Werten und Regeln, die immer wieder angepasst und verändert werden können und müssen.

Viele Eltern stellen sich die Frage, welche Esskultur sie mit ihren Kindern pflegen möchten: ob es geregelte Mahlzeiten geben soll, wie die aussehen sollen, ob die Kinder aufstehen dürfen, wenn sie fertig sind, ob sie mit dem Essen spielen dürfen, ob mit Besteck oder mit den Fingern gegessen werden darf und so weiter.

Diese Entscheidungen können Kinder nicht treffen. Kinder sind in jungen Jahren ausschließlich mit sich und ihrer direkten Umwelt beschäftigt. Sie passen sich an das an, was von außen an sie herangetragen wird und setzen sich damit auseinander. Ohne die Gestaltung der Erwachsenen sind Kinder verloren. Sie brauchen einen Rahmen, an dem sie sich stoßen können, weil sie sich und ihr Gegenüber darin erfahren und entdecken können.

Ich möchte Eltern mit diesem Buch Mut machen, ihren Gestaltungsauftrauftrag und -willen im Familienalltag jeden Tag neu zu ergreifen.

Dies hat rein gar nichts mit starren gesetzlichen Vorstellungen zu tun, die dann unabhängig von den Kindern durchgesetzt werden. Es geht stattdessen darum, das Eigene, die eigenen Werte als persönliche Autorität zu vertreten: nur dann, werden wir für unsere Kinder greif- und erfahrbar.

Das ist das Wertvollste, was wir unseren Kindern geben können: *uns selbst*, gefüllt mit dem, was uns wichtig ist, und dem, was uns ausmacht. Sie wollen keine Maschinen, die alles richtig machen, immer feinfühlig, geduldig und liebevoll sind. Sie wollen auch keinen luftleeren Raum, in dem alles für sie getan wird, sondern sie wollen und brauchen den Kontakt und die Beziehung zu lebendigen Menschen, das persönliche Gegenüber. Nur so wird Liebe lebendig.

Die Gestaltung des Familienalltags durch die Erwachsenen ist also das Ergebnis, das sich aus den persönlichen Werten und den damit verbundenen Entscheidungen der Erwachsenen ergibt. Jedes Familienleben hat eine einzigartige persönliche Note, die zwar nicht von heute auf morgen verändert wird – doch verändern sich jeden Tag die Ausprägungen, die Schwerpunkte. Denn wir selbst sind lebendig und entwickeln uns in den Auseinandersetzungen und im Zusammenleben mit Kindern und PartnerInnen. Das ist ein lebendiges System, das von den Erwachsenen gestaltet werden muss und doch flexibel ist für die Bedürfnisse und Begegnungen mit Kindern und für Impulse von außen.

Das bedeutet nicht, dass das System beliebig ist und zum Beispiel an jedem Tag eine neue Erziehungsmethode ausprobiert wird. Jedoch ist es auch nicht starr und immer konsequent, dem Motto folgend: »Jeden Tag gleich handeln!«

Reine Konsequenz würde bedeuten, als Mensch jeden Tag gleich zu sein, sich gar nicht weiterzuentwickeln, keine Impulse von außen aufzunehmen und nicht bereit zu sein, Neues zu lernen.

Beliebigkeit im Zusammenleben mit Kindern würde bedeuten, sich nur nach äußeren Impulsen zu richten – ohne einen Bezug zu sich selbst und den eigenen Bedürfnissen.

Erwachsene sollten sich ihrer eigenen Werte bewusstwerden, damit sie entsprechend handeln können. Sie müssen mit dem, was ihnen lieb und teuer ist, *nicht* hinter dem Berg halten, weil sie vielleicht denken, dass es im Augenblick unpassend für das Kind ist. Im Gegenteil: Kinder sind genau *daran* interessiert. Sie wollen wissen, wer wir sind, was wir denken, was wir fühlen, was uns wichtig ist, wie wir die Welt verstehen und welche Ideen und Impulse wir haben. Wenn wir ihnen das über eine längere Zeit vorenthalten, nehmen wir ihnen und uns die Liebes- und Begegnungsmöglichkeit.

Wenn ich zum Beispiel sehr gerne mit dem Auto unterwegs bin, und mir ist klar, dass ich einen Kindersitz für das sicherste Transportmittel meines Kindes halte, dann geht es darum, das mir Wichtige wirklich anzuerkennen und dazu zu stehen – es zu bejahen, als wertvoll zu erachten, meine Urteile wertzuschätzen und mich damit selbst anzuerkennen und zu lieben. *Ich* wirke hier und jetzt, nicht der perfekte Vater oder die perfekte Mutter meiner Vorstellungen. Dann bin ich mit mir selbst verbunden und kann schätzen, was mir wichtig ist.

Aus dieser Haltung heraus kann ich nun handeln! Als handlungsfähiges Subjekt trete ich mit meinem Kind in Beziehung. Mit dieser Haltung meiner Sicherheit setze ich – um es an diesem konkreten Beispiel des Autofahrens deutlich zu machen – mein Kind in den Kindersitz. Das Kind, das dagegen protestiert, erhält eine klare Rückmeldung und einen sicheren Rahmen von mir als Person. »Aha, ich sehe, du willst nicht im Kindersitz sitzen, weil du dich lieber bewegen möchtest. Beim Autofahren will *ich*, dass du angeschnallt bist.« Auch wenn das Kind schreit oder noch etwas Zeit braucht, bleibe ich dabei, weil ich meiner Einschätzung und meinem getroffenen Urteil traue und so Verantwortung für mein Kind übernehme. Ich kann ihm sagen: »Du bist traurig und wütend, weil du festgeschnallt wirst.« Ich nehme damit das Kind wahr und akzeptiere, wie es mit der Situation umgeht.

Wenn Kinder sich in Situationen verfangen und sehr heftig reagieren, heißt das oft, dass der innere Klärungsprozess der Erwachsenen noch nicht ausreichend stattgefunden hat. Erwachsene sagen dann zwar, was sie gerne hätten, doch sind sie unsicher, ob sie das wirklich durchsetzen wollen – auch gegen den Willen der Kinder. Kinder geben uns klare Rückmeldungen in den Bereichen, die wir noch nicht als eigenständige Personen ergriffen haben.

So gibt es viele Fragen im Familienalltag, die von der Elternseite aus recht klar zu entscheiden sind. Es wird zum Beispiel jedes Elternteil seinem Kind gegenüber sehr klar kommunizieren, dass es auf dem Gehweg bleiben soll. Bei vielen anderen Handlungen ist es für die Erwachsenen nicht so eindeutig, weil sie sich noch keine oder schon zu viele Gedanken über mögliche Widerstände der Kinder gemacht haben.

Manche Entscheidungen sind tatsächlich Verhandlungssache zwischen Erwachsenen und Kindern, und das ist vollkommen in Ordnung.

Erwachsene und Kinder fühlen sich wohler, wenn die Erwachsenen in ihrer Führungsaufgabe die Verantwortung übernehmen und zugleich die Kinder im Blick haben. Kinder bringen sich mit ihrem ganzen Wesen, ihrer Hingabe, ihrer Liebe ein. Wir können sie uns als Vorbild nehmen und ihnen vertrauen, dass ihr Handeln sinnvoll und liebevoll ist.

Kinder machen durch ihr Verhalten auf die Dinge aufmerksam, die nicht stimmen und eine Klärung durch Erwachsene erfordern. Es ist ein feines Zusammenspiel zwischen dem, was sie von ihrer Umwelt aufnehmen und wie sie mit ihrem ganz Eigenen umgehen, das da ist.

Kinder sind niemals das Problem; ihr Verhalten ist sinnvoll, das heißt, es hat einen Sinn. Kinder weisen durch ihr Verhalten auf Probleme hin, und zwar auf ihre ganz persönliche Art und Weise, etwa aggressiv oder sich zurückziehend. Jedes Kind (natürlich auch jede Erwachsene) hat gute Gründe, sich genau so zu verhalten – und macht damit auf etwas aufmerksam.

Reflexion über das eigene Verhalten ist die Aufgabe der Erwachsenen. So können sie sich weiterentwickeln, sich Dingen bewusstwerden und die Chancen nutzen, die das Zusammenleben mit Kindern bietet. Kinder haben von sich aus den Drang, sich weiterzuentwickeln und weiterzugehen, ihre Identität fließen zu lassen. Nur wenn Erwachsene nicht für einen sicheren Rahmen sorgen, übernehmen sie Aufgaben, die sie starr und fest werden lassen, anstatt fließend und in stetigem Wandel zu sein.

Erwachsene können sich durch Begegnungen mit Kindern wieder in den Fluss des Lebens begeben. Wir denken oft: »Jetzt wissen wir, wie das Leben funktioniert!« Jeder Schritt in diese Richtung führt uns zwar weiter und ist in dem Moment genau richtig. Doch damit ist es nicht getan: Wir dürfen, müssen weitergehen! Das Leben ist Bewegung, ein Im-Fluss-Sein, Lebendigsein. Sobald wir stehenbleiben und uns an Dingen festhalten und meinen, alles zu wissen, wird unser Lebensfluss zu einem abgestandenen Gewässer, das zu stinken anfängt. Erwachsene suchen ihren Halt oft im Äußeren, in Dogmen, in materiellen Dingen wie finanzieller Sicherheit, einem guten Beruf und dergleichen. Tatsächlich können wir unseren Halt nur im Inneren finden, aus uns selbst oder aus Gott. Nur im Vertrauen ins Leben und in der Hingabe aus dem Herzen wird eine starke Basis auf dem Weg zu einem freien Leben gebildet. Auch Vertrauen ist nichts, was ich einmal habe, festhalten kann, sondern ich muss es immer wieder neu wirken lassen.

Das Leben ist ein Prozess: Wir können uns jeden Tag neu ausrichten, neu beginnen! Alle Möglichkeiten sind vorhanden, das Leben immer wieder neu zu gestalten. Wir können uns inspirieren lassen durch Kinder, durch Begegnungen und Beziehungen mit anderen Menschen. Sie helfen uns, Bewusstsein für unser Eigenes zu schaffen, die Liebe für uns selbst und unsere Nächsten aufblühen zu lassen und unser Leben aktiv zu gestalten. Was immer oder wer immer uns begegnet, hilft uns, unser Leben fließen zu lassen und in die Hand zu nehmen. Die Frage, die ich an alles stellen kann, was mir entgegenkommt, ist: »Wie bereichert es mein Leben?« Diese Frage hilft uns, zu vertrauen und einfach weiterzugehen.

Kinder lieben heißt, ihren Rückmeldungen zu vertrauen, sich selbst mit allem, was einem wichtig ist, den Kindern mitzuteilen, sich mit Kindern weiterzuentwickeln und die Verantwortung in der Familie zu übernehmen. Kinder brauchen keine starren Grenzen, sondern Erwachsene, die ihre persönlichen Grenzen und Werte deutlich machen und ihnen gegenüber vertreten – und zugleich die Kinder mit ihrem Eigenem im Blick behalten.

Raum und Zeit in der Kinderwelt ermöglichen

In den vorherigen Abschnitten wurde beschrieben, auf welche Weise Eltern ihre Kinder lieben können und was das für die Beziehungen zwischen Erwachsenen und Kindern bedeutet. Diese Abschnitte waren sehr stark darauf ausgerichtet zu beschreiben, wie Erwachsene ihr Zusammensein mit Kindern gestalten können, damit Liebe spürbar wird. Durch die Begegnung zwischen Eltern und Kindern kommt es zu einer Begegnung zwischen der Erwachsenen- und der Kinderwelt, deren Bewohner, Eltern und Kinder, mit ihrer jeweiligen spezifischen Herangehensweise an die Welt voneinander profitieren, lernen und sich entwickeln.

Die Liebe der Eltern zu ihren Kindern zeigt sich auch darin, dass sie Räume für ihre Kinderwelt schaffen und ermöglichen.

Kinder benötigen, um ihr Eigenes weiterzuentwickeln und um ihre Impulse in die Welt geben zu können, ihren eigenen Raum, in dem sie sich umfassend ausprobieren können. Eltern überlegen, was Kinder von ihnen brauchen, wie sie die Beziehung gestalten können, was wirklich wichtig ist – und vergessen dabei oft, dass Kinder, auch schon ganz kleine Säuglinge, eigenständige Wesen sind, die sich die Welt selbständig erschließen wollen. Heute meinen wir es oft zu gut und denken, dass Kinder ohne unser Zutun und unsere Einmischung nicht zurechtkommen. So nehmen wir ihnen die Chancen, ihre Fähigkeiten zu zeigen.

Im sozialen Bereich, in der Auseinandersetzung mit Kindern, in der Begegnung zwischen Erwachsenen- und Kinderwelt, halten wir Erwachsenen uns manchmal stark zurück, obwohl gerade dort die Kinder ein Gegenüber brauchen. Dafür mischen wir uns in die Kinderwelt, in der Kinder einen geschützten Raum brauchen, um sich zu erfahren, zu stark ein und bestimmen die Vorgänge.

In diesen Kinderräumen hatten es die Kinder früher leichter. Zwar gab es strenge und nicht immer menschenfreundliche Verhaltensregeln in der Begegnung der Erwachsenen- mit der Kinderwelt. Doch mischten sich viele Erwachsene nicht in die Kinderwelt ein. Kinder durften sich ausprobieren und selbständig Erfahrungen sammeln. Sie waren viel in Kindergruppen unterwegs, ohne Erwachsene, die sie beaufsichtigten. Es wurde ihnen zugestanden und zugetraut, miteinander zurechtzukommen, Lösungen für Probleme zu finden sowie verantwortlich mit sich und den anderen umzugehen. Sie probierten sich körperlich aus, kletterten auf Bäume, entwickelten Spiele mit dem, was sie fanden, und lösten Konflikte untereinander. Heute wird ein solcher Freiraum, der vielen Kindern damals zugestanden wurde, manchmal schon als Vernachlässigung der Kinder betrachtet.

Einerseits hat sich die Situation der Kinder heute grundlegend geändert, was in vielen Bereichen wirklich gut und notwendig ist. Andererseits fehlen Kindern heute der Raum und die Zeit, sich selbst zu erfahren und auszuprobieren. So wird vielfach überlegt, wie Kinder noch besser gefördert oder unterstützt werden können. Es gibt viele Angebote, Spielmaterialien und Anweisungen, was Eltern mit ihren Kindern tun sollten. Auf keinen Fall darf es Kindern aus dieser Sicht langweilig werden, vielmehr müssen sie bespaßt und bespielt werden. Kindern wird so kein eigener Raum zugestanden und zu wenig Zeit für sich selbst.

Schon kleine Kinder benötigen Zeit und Ruhe, um in ihrem Körper anzukommen, sich selbst zu spüren. Das können sie, wenn sie an einem geschützten Platz auf dem Rücken liegen. Sie brauchen Raum, um ihre Umwelt wahrzunehmen, den Blick schweifen zu lassen, den Schatten zu sehen, der von der Sonne hereingezaubert wird. Sie sind anfangs ganz in der Wahrnehmung, sehen, hören, riechen, schmecken, fühlen.

Ihre Sensoren sind sehr stark ausgebildet. Wenn die Reize zu stark sind oder es zu viele gibt, sind kleine Kinder damit schnell überfordert: So wird die Reizschwelle hochgesetzt, die Kinder verlieren den Kontakt zu sich und fordern immer stärkere Reize ein.

Wenn eine Rassel vor ihnen bewegt wird, weil Erwachsene denken, dass Kinder Abwechslung brauchen oder bespielt werden wollen, nimmt das Kindern die Möglichkeit, bei sich zu bleiben. Oft überfordern wir sie mit unseren Spielangeboten, weil wir es nicht aushalten, wenn sie einfach nur da sind.

Unsere heutige Welt ist voller starker Reize, so dass Kinder anfangs eher einen geschützten, ruhigen Raum brauchen, damit ihre feine Wahrnehmung erhalten bleibt und sie ihre Umgebung in Ruhe erforschen können.

Dazu gehört auch, ihnen kein Spielzeug in die Hand zu geben. Zu Beginn steht bei Kindern das Erforschen ihrer eigenen Hände im Mittelpunkt. Die Finger und Hände gilt es zu erfahren, mit allen Sinnen wahrzunehmen, daran zu lutschen, sie als die eigenen zu entdecken und als wichtigstes Werkzeug für alle weiteren Tätigkeiten kennenzulernen.

Kinder haben von sich aus die Fähigkeit und die Motivation, die Welt und sich selbst zu erforschen und zu erkunden. Dafür brauchen sie Zeit und Raum – von Anfang an.

Es muss daher sehr genau überlegt und wahrgenommen werden, in welchen Bereichen uns unsere Kinder brauchen und wo wir sie eher behindern oder stören.

Ein klassisches Beispiel ist die Bewegungsentwicklung der Kinder von der Rückenlage bis zum Klettern auf Bäume. Jedes Kind lernt von sich aus das Gehen und Laufen, es braucht weder Lauflerngeräte noch motivierte, helfende Erwachsene. Unsere gutgemeinte Unterstützung auf diesem Weg, etwa beim Hinsetzen, solange sie es noch nicht selbst können, stört die Entwicklung eher. Es nimmt ihnen viel Freiraum, Selbsterfahrung und Wirksamkeit, und die Möglichkeit, das feine Zusammenspiel ihres Körpers kennenzulernen und bewusst zu üben. Heute holen viele Erwachsene diese Eindrücke in Yogastunden oder bei Feldenkrais-Übungen mühsam nach.

Wir stören Kinder in ihrer Eigenständigkeit, wenn wir versuchen, ihre Schritte in der Bewegungsentwicklung zu beschleunigen. Indem wir sie in eine Körperlage, etwa zum Hinsetzen bringen, die sie noch nicht von selbst erreichen können oder mit ihnen das Laufen üben, indem wir sie an die Hand nehmen und sie von uns gehalten gehen, können sie vielleicht schneller laufen lernen – doch dafür haben wir sie von uns abhängig gemacht. Die Gefahr besteht, dass sie so ihr eigenes Tempo, ihre Fähigkeit sich eigenständig zu entwickeln, ihren Bezug zu sich selbst und ihrem Körper ein Stück weit verlieren.

Jedes Kind hat seine eigene Geschwindigkeit, seinen individuellen Zeitpunkt, wann es den nächsten Schritt in seiner Bewegungsentwicklung macht. Es ist ein offener, lebendiger Prozess, der sich nicht am Außen orientiert. Oft sind die Kinder, die eher langsamer bei ihrer großmotorischen Entwicklung sind, die gründlicheren Kinder. Sie probieren jede Position mit allen Möglichkeiten und Varianten aus und erforschen alles sehr genau. Auch da zeigt sich, wenn wir nicht eingreifen, die Einzigartigkeit eines jeden Kindes.

Wenn Erwachsene nicht versuchen, die Bewegungsentwicklung ihrer Kinder durch Üben zu beschleunigen, sondern die Kinder sich ihre Zeit und ihren Raum individuell nehmen dürfen und sie in ihrer Langsamkeit oder Schnelligkeit geschätzt werden – dann haben Erwachsene eine zutiefst respektvolle Haltung zu dem, was Kinder als Persönlichkeit mitbringen.

Das bedeutet auch, dass Erwachsene nicht bei jeder kleinen Gefahr eingreifen und nicht versuchen sollten, Kinder vor jeglichem Sturz zu bewahren, zum Beispiel, wenn wir sie davon abhalten wollen, von einer Stufe oder einem Podest *vorwärts* herunterzukrabbeln. Wenn wir nicht auf unserer Vorstellung beharren, dass Kinder rückwärts von Erhöhungen herunterkommen sollten, schaffen wir ihnen Raum. Wenn Erwachsene in dieses Vorwärtskrabbeln von einer Erhöhung, die es selbst erklommen hat, nicht eingreifen, wird jedes Kind zunächst vorwärts herunterkrabbeln: Es möchte sehen, wo es hingeht. Auch wenn manche Kinder forsch loskrabbeln und sich im Herunterkrabbeln ausprobieren, werden sie sich in den allerseltensten Fällen einer Sturzgefahr aussetzen, sondern ihre Koordinationsfähigkeiten, ihr

Gleichgewicht weiter schulen und Erfahrungen mit dem Umgang von Höhen sammeln.

Emmi Pikler nennt das »kleine Gefahren zulassen, um sie vor großen Gefahren zu schützen«. Kinder lernen dadurch sich selbst, ihren Körper und ihre Fähigkeiten kennen und ihr eigenes Gleichgewicht herzustellen. Sie lernen zum einen, sich selbst zu vertrauen, gut einzuschätzen, was ihnen möglich ist, und gut zu fallen (in einer rollenden Bewegung), was sie wiederum davor bewahrt, sich im höheren Alter bei Stürzen von größeren Höhen schwer zu verletzen.

Viele Eltern überlegen heute, wie sie das *Selbstvertrauen* ihrer Kinder stärken können. Hierzu müssen wir nichts aktiv tun, sondern wir müssen den Kindern Raum schaffen, sich selbst auszuprobieren, sich zu erfahren und eigene Lösungswege zu entwickeln. Es geht darum, sich aktiv zurückzuhalten, zum Beispiel bei der Bewegungsentwicklung der Kinder. Wenn sie klettern, balancieren, die ersten Schritte machen, die Treppe hinauf und hinunter gehen oder krabbeln, sich in scheinbar aussichtslose Positionen gebracht haben, geht es darum, sie *nicht* an die Hand zu nehmen und ihnen *keine* Lösungen zu präsentieren, sondern sie zu begleiten. Nur das selbständige Handeln, die Erfahrung, dass sie für sich Wege finden, stärkt sie und sorgt dafür, dass ihr Selbstvertrauen erhalten bleibt.

Auch in anderen Bereichen, wie dem Spiel, muss genau geschaut werden, wo die Kinder uns wirklich brauchen. Die Fachleute fürs Spielen sind eben die Kinder, weil sie motiviert sind, viele Dinge ausprobieren wollen und sich ganz hineingeben. Es gibt wenig Zeiten im Leben, in denen so viel und selbstvergessen gespielt wird, wie in der Kindheit. Kindern *im Flow* müssen wir nicht zeigen, wie man einen Turm baut; eher können wir von ihnen lernen, welche verschiedenen Turmarten es möglicherweise gibt. Auch dafür müssen wir Kindern wieder Räume schaffen.

In Kindertagesstätten wird oft von Freispiel gesprochen. Dabei ist der Begriff an sich schon etwas irreführend. Zu den Grundeigenschaften jeglichen Spiels gehört die Freiheit, sich selbst interessiert und motiviert in einen Prozess zu begeben, eine Idee zu verfolgen und sich ganz darauf einzulassen, ohne zu wissen, wohin sie führt. Es geht darum, sich ganz hinzugeben, was nur ohne äußere Vorgaben möglich ist. Wir kennen das als Erwachsene in der Kunst, in besonderen Augenblicken bei der Arbeit oder in der Musik, wo wir ganz bei uns sind, die Zeit ausgeschaltet ist und sich etwas ganz Neues entwickelt, von dem wir noch nicht wussten, dass es existiert oder überhaupt möglich ist.

Kinder brauchen Räume, wo sie ungestört und, wenn sie älter sind, auch unbeobachtet spielen können; sie brauchen ihren eigenen intensiven Arbeitsraum.

Je jünger Kinder sind, desto einfacher sollten Spielmaterialien sein, damit Kinder anhand verschiedener Materialien wie Alltagsgegenständen die Dinge und damit die Welt mit ihren Eigenschaften – hart, weich, schwer, leicht, kalt, warm und so weiter – erkunden und Zusammenhänge erkennen können.

Diese Kinderräume müssen also von Eltern mit Spielmaterialien und Bewegungsherausforderungen alters- und kindspezifisch geschaffen werden, wobei das oft auch heißen kann, für möglichst leere Räume zu sorgen. Ein Garten, eine Wiese oder der Wald bieten genug Anregungen.

Erwachsene müssen dann auch die etwaige Langeweile der Kinder aushalten, die es bisher nicht gewohnt waren, so viel Freiraum zu erhalten. Es erfordert Zeit, die Eigeninitiative wieder neu zu entdecken, sich selbst zu spüren und etwas Neues zu wagen.

Das heißt nicht, dass ich als Erwachsene keine Zeit mit meinen Kindern verbringen oder nichts mehr mit ihnen spielen sollte! Es geht darum, genau hinzuschauen, wo ich meinen Kindern Räume nehme oder gebe, in denen sie sich selbst erfahren. Auch wenn mich Kinder in ihr Spiel miteinbeziehen, ist es hilfreich, darauf zu achten, dass ich nicht das Spiel übernehme und in meine Richtung lenke, sondern den Kindern Raum für ihr eigenes Tun lasse.

Ein weiterer Aspekt einer solchen Kinderwelt besteht darin, dass Kinder ihre Probleme selbst lösen und bewältigen dürfen. Dazu gehört, dass Kinder frustriert, traurig, ärgerlich und manchmal auch hilflos sind. Indem wir Erwachsenen zu vieles für sie lösen, ihnen jeden Stein aus dem Weg räumen und dafür sorgen, dass alles in ruhigen

Bahnen verläuft, nehmen wir Kindern ihre Eigenständigkeit und verhindern, dass sie an Herausforderungen und Problemen wachsen und Erfahrungen sammeln.

Eltern wollen meistens das Beste für ihre Kinder und dass es ihnen gut geht. Die Gefahr besteht, dass wir uns zu stark in das Leben unserer Kinder einmischen, zu viel für sie regeln, weil wir es nicht aushalten, wenn es ihnen schlechtgeht. Doch genau darin besteht Liebe in einem lebendigen Prozess: sein Gegenüber, sein Kind auch in schweren Zeiten zu begleiten, auf die Stärke und Kraft des Kindes zu vertrauen und diesen Zustand auszuhalten, anstatt selbst Vorschläge zu machen oder Lösungen vorzugeben. Auch in erwachsenen Liebesbeziehungen schätzen wir ein Gegenüber, das uns in schweren Zeiten begleitet, mehr als jemand, der uns Ratschläge erteilt und meint zu wissen, was für uns das Beste ist.

Das ist für viele Eltern heute eine der schwierigsten Aufgaben: den Kindern Raum zu geben, damit diese mit ihren eigenen Gefühlen und Schwierigkeiten zurechtkommen können, und sie dabei voll Vertrauen zu begleiten.

Eine Hauptaufgabe der Erwachsenen ist es, Kinderräume zu schaffen und zu schützen, sowie wertzuschätzen, was Kinder dabei von sich und der Welt erfahren; ihren Fähigkeiten und ihrer Kreativität und Lösungskompetenz zu vertrauen. Das Vertrauen in die Kinder steht an höchster Stelle, nicht die Kontrolle, die alles im Griff behalten will. Kinder sind eigenständig von Anfang an! Wir entscheiden: Wir können ihnen den Raum dafür geben oder versuchen, sie mit allen Mitteln an feste Vorgaben und unsere eigenen Vorstellungen, wie die Welt funktioniert, anzupassen.

Von Beginn an geht es im Zusammenleben mit Kindern darum, sie loszulassen und ihnen als erwachsenes Gegenüber mit dem, was einem wichtig ist, offen gegenüberzutreten und uns durch und mit ihnen gemeinsam weiterzuentwickeln, also das Miteinander und die Welt positiv zu gestalten.

4
Wie können Erwachsene und Kinder gemeinsam groß werden – Erwachsene und Kinder wachsen in Beziehungen

Konflikte – Chancen – Beziehung

In Konfliktsituationen zwischen Erwachsenen und Kindern trifft die Erwachsenenwelt auf die Kinderwelt. Beide gehen mit ihrer Perspektive, die Welt zu betrachten, aufeinander zu. Das kann sehr spannend sein, weil beide Seiten mit dem anderen und gleichzeitig dem eigenen Blick konfrontiert werden – und sich dabei mit sich selbst auseinandersetzen müssen. Diese Begegnung bietet für beide Seiten vielfältige Möglichkeiten und Chancen gemeinsamer Entwicklung, wenn beide offen und präsent sind.

Die Erwachsenen erfahren, wo ihre Kinder gerade stehen, mit was sie sich beschäftigen, wie sie das, was ihnen wichtig ist, vertreten und wie sie die Erwachsenen wahrnehmen. Zudem erleben sie sich selbst.

Kinder machen so die Erfahrung, wie Erwachsene für sich selbst sorgen, welche Worte sie wählen, ob sie bei sich sind, wie aufmerksam sie sind, was ihnen wichtig ist und wie sie in Kontakt treten und Beziehung gestalten. Das Kind erlebt sich selbst in der Abgrenzung zum Gegenüber.

Solch bereichernde Begegnungen können nicht nebenher stattfinden, etwa während die Erwachsene das Geschirr spült oder den Kopf voll mit anderen Dingen hat. Sie muss genauso offen und präsent sein wie das Kind. Dazu gehört ein Gewahrsein für sich und das Gegenüber: Das Ich braucht die volle Aufmerksamkeit und Wahrnehmung.

In Konfliktsituationen treffen Bedürfnisse und Vorstellungen von Eltern und Kindern aufeinander. Ein Beispiel: Ein zweijähriges Kind fragt gefühlt zum hundertsten Mal an, ob es mit den Fingern in die Steckdose hineinfassen darf. Es geht auf die Steckdose zu, streckt schon die Hand aus, dreht sich um und lächelt die Mutter an. Die Mutter schüttelt den Kopf, das Kind lacht und steckt den Finger in Richtung Steckdose. Was passiert da gerade? Manche Eltern könnten denken, dass das Kind schlecht erzogen ist und sich deshalb nicht an Regeln hält. Andere Eltern meinen womöglich, dass das Kind sie testen und provozieren oder gar sie fertigmachen will!

Welches Bild von meinem Kind könnte dahinterstecken, wenn ich unbewusst so denke?

Es könnte so aussehen: »Das Kind nimmt mich nicht ernst, will mich fertigmachen und bestimmen, wie es hier läuft. Kurz ausgedrückt: Es ist ein kleines Monster, das Böses gegen mich im Schilde führt und zudem unsozial ist.«

Was für eine zerstörerische Einschätzung! Wenn wir ernst nehmen, dass das Kind sich selbst durch den Spiegel unseres Blickes wahrnimmt, dann erfährt es in diesem Beispiel, dass es ein kleines Monster ist.

Kinder nehmen solche Urteile in sich auf. Sie fühlen sich schuldig, erleben sich als wertlos oder nehmen an, dass sie es verdient haben, so genannt zu werden – auch wenn wir hundert Mal sagen, dass wir sie sehr lieben.

Eine Variante in dem Steckdosenbeispiel wäre, dass die Mutter dem Kind die Fähigkeit abspricht zu verstehen, was sie will oder was ihr wichtig ist. Sie sagt sich: »Das Kind ist noch zu ›dumm‹, zu ungebildet, es versteht mich nicht…« Damit macht die Mutter das Kind zu einem unterentwickelten Objekt.

Es lohnt sich, näher zu betrachten, was bei Erwachsenen vor sich gehen kann, wenn das Kind die deutlich gesetzten Regeln oder Grenzen mit einem Lachen im Gesicht überschreitet. Häufig können dabei unerwartet schnell Gefühle wie Ärger und Wut auftreten. Mit diesen Gefühlen sind bei den Erwachsenen alte Erfahrungen und Verletzungen gespeichert, die sie im Laufe ihres Lebens durchgemacht haben, als jemand sie nicht ernst genommen oder ihre persönlichen Grenzen überschritten hat.

In diesen Situationen mussten viele erfahren, dass sie nicht für sich sorgen konnten, verletzt wurden und sich selbst als wertlos, nicht akzeptiert oder minderwertig erlebt haben. Dieser Schmerz und die Traurigkeit darüber sind tief in ihnen gespeichert, ohne dass sie Raum bekamen oder verarbeitet werden konnten.

Im Konfliktfall mit den Kindern können jetzt solche unbearbeiteten Erfahrungen aus der Vergangenheit nach oben drängen und uns dazu bringen, diese auf unser Gegenüber, auf unser Kind zu übertragen: »Nicht ich bin wertlos, sondern du!« Das Problem dabei ist, dass dieser Prozess blitzschnell im Unterbewusstsein abläuft.

Ein solcher Vorgang ist für beide Seiten – Eltern und Kinder – ein zerstörerischer Akt, der beiden schaden kann und den beide eigentlich niemals in ihrer Beziehung haben wollten…

Die einzige Chance, dieser Abwärtsspirale zu entgehen, ist, das damalige Geschehen ins Bewusstsein zu holen, sich selbst wahrzunehmen und die eigenen Gefühle zu spüren – und die Schmerzen und Verletzungen von damals bei sich selbst zuzulassen, um ihnen nachträglich Raum zu geben. Das ist ein sehr anstrengender Prozess, doch bietet er uns die heilende Chance, uns in der Begegnung und der Beziehung zu unseren Kindern (oder auch anderen Menschen) von altem Ballast zu befreien!

Diese Gelegenheit erhalten wir in unserem Leben mit Kindern regelmäßig: Sie weisen uns in Konflikten häufig auf unsere unbearbeiteten Themen hin. Sie konfrontieren uns mit uns selbst und ermöglichen uns so, uns selbst besser kennenzulernen, unbearbeitete Themen anzugehen und uns weiterzuentwickeln. Mit ihnen gemeinsam können wir lernen, für uns selbst einzustehen und zu sorgen.

Wie kann ich mit solchen Konfliktsituationen praktisch umgehen?

Hilfreich ist, sich schon vorab Gedanken zu machen, in welchen Bereichen ich besonders empfindlich reagiere und wo das Verhalten meines Kindes mich innerlich tief trifft. So lerne ich meinen inneren Ablauf in solchen Situationen und meine dabei aufkommenden Gefühle immer besser kennen. Durch diese Überlegungen kann ich mich nach und nach immer bewusster in die konkrete Situation hineinbegeben. Und es wird mir dann gelingen, in meinen Gefühlen zu baden (wie weiter vorn beschrieben), so dass sie ihren Raum bekommen und sich verwandeln können. Außerdem wird mir in diesem Prozess klar werden, wie ich in diesem Moment meines Handelns dafür sorgen kann, dass meine Grenze, die ich für mich als notwendig erachte, akzeptiert wird. Ich fühle mich nicht mehr hilf- oder wertlos. Meine Handlungen werden dann nicht mehr durch meine Vergangenheit beeinflusst, sondern ich kann frei werden und frei handeln.

Zusätzlich hilft es, sein Kind genau zu beobachten und bewusst eine Entscheidung zu treffen, wie ich es sehen, über es denken möchte. Diese Entscheidung treffe ich in jedem Moment des Zusammenseins täglich neu und somit veränderbar: Dann bin ich meinem Unbewussten, dem Alltagsdenken, den Schmerzen oder Gefühlen nicht hilflos ausgeliefert.

Ich kann meinen Blick im täglichen Tun und indem ich mich selbst in Situationen mit meinem Kind anschaue, verändern. Ich kann mich zudem informieren, was die Wissenschaft über Kinder und zu Konfliktsituationen beitragen kann.

Wichtig ist, dass wir aufhören, Kindern Böses *zu unterstellen. Kinder* sind, *mehr nicht!*

Zurück zum Beispiel: Das Kind, das sich, indem sie der Mutter einen lachenden Blick zuwirft, der Steckdose zuwendet, weiß ganz genau, dass es nicht in die Steckdose greifen darf. Es fragt *erstens* an: »Gilt das heute auch oder könnte ich die Steckdose heute endlich einmal genauer untersuchen?«

Zweitens will es wissen, wie Erwachsene für ihre Grenzen sorgen oder sich um die Einhaltung von Regeln kümmern. Wie gehen sie damit um? »Wie machst *du* mir klar, dass ich nicht an die Steckdose gehen soll, und wie sorgst du heute für die Einhaltung *deiner* Regel?«

Drittens macht das Kind damit ein Beziehungsangebot an die Erwachsene, tritt mit ihr in Kontakt: »Mama, ich will wissen, wer du bist, und möchte erfahren, wer ich bin, wenn ich eine andere Idee habe als du und den Finger in die Steckdose stecke.«

Das Kind will wissen, wie die Mutter sich verhält, welche Normen oder Regeln sie für wichtig hält, um sie einerseits zu verstehen und andererseits, um die Unterscheidung zwischen sich selbst und dem Gegenüber zu finden.

Oft wird gesagt, Kinder suchten in solchen Situationen Aufmerksamkeit und man sollte sie ignorieren, damit sie nicht lernen, über negatives Verhalten Aufmerksamkeit zu erhalten. Welch ein eingeschränkter und materieller Blick auf die Kinder: Ein solcher Blick betrachtet Kinder, als seien sie programmierbare Maschinen.

Kinder suchen und benötigen Kontakt. Wir haben die Möglichkeit, dieses Angebot anzunehmen, diese Chance zu ergreifen. Wir dürfen uns über jede Begegnung freuen und können stets verändert und lebendiger daraus hervorgehen.

Kinder sind lebendige Wesen wie wir selbst auch: Von echten Beziehungen profitieren wir beide.

In Konfliktsituationen mit Kindern ergeben sich großartige Entwicklungsmöglichkeiten für beide Seiten – wenn wir uns auf eine persönliche Ebene (Ich – Subjekt) einlassen.

Zurück zum Steckdosen-Beispiel: Wie könnte eine mögliche Reaktion auf das Handeln des Kindes aussehen?

Eine kurze Antwort wäre: »Ich will nicht, dass du an die Steckdose gehst.« Wenn das Kind trotzdem weitergeht, gehe ich zu ihm, nehme die Hand weg, setze mich vor die Steckdose oder drehe vielleicht das Kind in die andere Richtung. Ich sorge für meine Grenzen und drücke dies durch mein Handeln aus. Meine Worte werden greifbar, und aus den Worten folgen Taten. Die Gefahr liegt heute darin, zu viel zu reden und langatmige Erklärungen zu liefern, anstatt es bei kurzen Worten zu belassen. Das Kind kennt die langen Erklärungen oft bereits. Es will mit der aktuellen Aktion oft nur wissen, wie ich als Erwachsene mit dem Konflikt umgehe und mit ihm in Kontakt trete.

Eine längere Antwort könnte sein: »Ich sehe dich, du willst an die Steckdose und willst wissen, ob du sie heute erforschen kannst. Ja, auch heute will ich nicht, dass du sie berührst. Das ist mir sehr wichtig.« Auch darauf sollte das entsprechende Handeln folgen.

Es gibt nicht die perfekte Antwort, die immer etwas nützt. Denn es geht nicht um die effektivste Antwort, um das Kind von der Steckdose fernzuhalten, sondern darum, dass ich in Kontakt mit meinem Kind trete: in einen ganz persönlichen, individuellen Kontakt. Deswegen müssen Antworten in solchen Situationen meine *persönlichen* Antworten sein. Sie müssen mit meinem Inneren übereinstimmen. Ich muss als Subjekt auf das Kontaktangebot des Kindes eingehen und reagieren. Nur so ist Nähe möglich: Das Ich der Erwachsenen ist hier gefragt. Nur wenn ich als Person spreche, von »ich« und nicht von »man« spreche und selbst hinter meinem formulierten Ich stehe, dann kann ein persönlicher Kontakt stattfinden.

Besonders extreme, schwere Konflikte, in denen wir an unsere Grenzen kommen, machen deutlich, wie stark Kinder in Vorleistung gehen. Sie bringen sich mit ihrer ganzen Person ein und treiben es manchmal auf die Spitze. Sie haben so viel Vertrauen in ihre engsten Bezugspersonen, dass sie davon ausgehen, alles aufs Spiel setzen zu können und auch dann nicht von ihnen verlassen zu werden.

Je enger die Beziehung ist, um so intensiver können die Auseinandersetzungen sein. Ein Zeichen einer tiefen inneren Verbindung ist oft das Ausmaß der Konflikte.

Es ist als Kompliment zu verstehen, wenn Konflikte sehr tief gehen – auch wenn die Auseinandersetzungen anstrengend sind.

Konflikte mit Kindern sind persönlich und erlauben uns auf eine ungeahnte Weise, einander nahe zu sein. Nähe ist das, was Menschen wirklich brauchen. Die Kinder brauchen kein Spielzeug oder Süßigkeiten, sie brauchen uns und wir brauchen sie. Jesper Juul unterscheidet bei seinen Ausführungen sehr deutlich zwischen Bedürfnissen und Lust. Seine Aussage: »Wenn Kinder alles bekommen, wozu sie Lust haben, bekommen sie mit großer Sicherheit das Wichtigste nicht, das sie brauchen: den nahen Kontakt mit verantwortungsbewussten Erwachsenen.« (Jesper Juul: *Grenzen, Nähe, Respekt*, Hamburg 2000, Seite 80) Das bringt diese Unterscheidung auf den Punkt. Sie haben Lust auf das Auto oder die Schokolade, doch das ist nichts, was sie nährt oder im Leben weiterbringt. Trotzdem werden sich Kinder sehr stark für ihre Wünsche, ihre Lust einsetzen, und das ist vollkommen in Ordnung so. Die Kontaktmöglichkeit ist für Erwachsene und Kinder dennoch das Wesentliche.

Die Kinder sind im Kontakt mit sich selbst, indem sie ihre persönlichen Wünsche äußern und so ihren Eltern ermöglichen, dass sie in Kontakt mit sich selbst treten und sich fragen: »Mein Kind will etwas von mir, wie gehe ich damit um? Was will ich denn jetzt?« Die Eltern werden auf sich selbst als Subjekte zurückgeworfen.

Die Kinder erwarten eine persönliche Antwort. Sie wollen nicht wissen, ob es in einer Stunde Mittagessen gibt, weswegen sie jetzt kein Eis bekommen können. Oder dass sie doch schon genug Autos im Schrank haben, sondern sie fragen bei ihren Eltern an: »Was hältst du davon?«

Sagen die Eltern, weil sie genervt sind: »Immer willst du noch mehr haben, nie bist du zufrieden, du bist unersättlich«, vermitteln sie ihrem Kind: »Du bist, so wie du bist, nicht in Ordnung.« Das ist die Botschaft, die wir alle in unterschiedlichen Formen schon gehört haben und die uns immer wieder aufs Neue verletzt hat, weil sie unseren Wesenskern, unser Innerstes angreift.

Wenn wir unsere Kinder wirklich lieben und uns auf den lebendigen Prozess mit ihnen einlassen, dann müssen wir unsere Gefühle in unsere Handlungen umsetzen und uns auf einen Weg des Bewusstwerdens machen, sonst besteht die Gefahr, dass wir unsere alten, selbst erfahrenen Verletzungen weitergeben, indem wir unbewusst handeln. Es geht hierbei *nicht* darum, keine Fehler machen zu wollen, sondern unsere Fehler zu erkennen und dann neue Handlungsmöglichkeiten zu entwickeln. Fehler sind sehr hilfreich, denn sie helfen uns, nicht stehenzubleiben, uns weiterzuentwickeln und das Geschenk des Lebens anzunehmen.

Kinder und wir brauchen den persönlichen Kontakt, damit wir uns nahe sein können. Auf die Frage des Kindes: »Kann ich das Auto haben?« kann ich nur persönlich antworten: »Nein, ich will dir momentan kein Auto kaufen.« Kann ich es wirklich verstehen, kann ich auch ergänzen: »Ja, ich verstehe, dass du Lust auf das Auto hast, es sieht wirklich interessant aus.«

Wie das Kind mit dieser persönlichen Aussage umgeht, ob es nach dem Warum fragt, ob es sich ärgert oder anfängt zu schreien, das ist die Entscheidung des Kindes. Jeder Mensch hat das Recht, mit der Ablehnung von Wünschen so umzugehen, wie es für ihn passt. Auch für Gefühlsausbrüche, die aus solchen Situationen entstehen können, sind die Kinder selbst zuständig. Sie lernen dabei, mit sich selbst klar und ins reine zu kommen. Auch jede Erwachsene ist für ihre Gefühle, die in solchen Situationen auftreten, selbst verantwortlich. Sie bieten die Möglichkeit, sich selbst besser kennenzulernen und Umgangsformen mit den eigenen Gefühlen zu entwickeln.

Wichtig in solchen Situationen ist die *persönliche* Begegnung, die gegenseitige Akzeptanz der jeweiligen Wünsche und der Umgang mit ihnen. Kinder akzeptieren uns als persönliche Autoritäten, wenn wir uns selbst als solche akzeptieren oder uns dahin entwickeln wollen. Sie sind sehr geduldig mit uns, gehen immer wieder neu auf uns zu, fordern uns immer wieder heraus, zu uns selbst zu kommen, indem sie unsere Verletzungen in uns ansprechen. Wir können ihnen etwas vormachen und uns verstellen – es wird nichts nützen. Kinder blicken viel tiefer in uns hinein, als wir es uns vorstellen können, und sprechen unsere Schattenseiten an. Darum sind die Beziehungen und der Kontakt zu Kindern sehr hilfreich.

Ein Beispiel dazu: Zähne putzen.

Heute ist die Mehrheit der Wissenschaft der Meinung, dass die Zähne von Anfang an gereinigt werden sollten und die Eltern dafür zuständig seien. Bei vielen Familien mit kleinen Kindern führt das zu großen Dramen und Konflikten. Muss ich meiner eineinhalbjährigen Tochter mit »Gewalt« die Zähne putzen? Bin ich unverantwortlich, wenn ich es nicht tue? Wie finde ich eine Lösung, die für mich passt?

Wenn ich innerlich vollkommen (zu hundert Prozent!) davon überzeugt bin, ich mich mit dem »Zähneputzen bei Kindern« beschäftigt, das Thema durchgearbeitet und mir eine wirklich *eigene* Meinung gebildet habe – dann kann ich auch meinem Kind gegenüber glasklar vertreten, was mir bei diesem Thema wichtig ist. *Ich,* das tätige Ich, hat in der Auseinandersetzung eine persönliche Position gefunden, die *ich* dann als *persönliche Autorität* vertreten kann, mit Aussagen wie: »Mir ist es wichtig, deine Zähne zu putzen!« oder »Ich will deine Zähne putzen!«

Solange ich diese Klarheit noch nicht habe, werden uns Kinder dies zurückspiegeln, indem sie sich weigern, schreien, toben und sich dagegen wehren. Es hilft manchmal auch nichts, wenn ich lediglich die persönliche Sprache benutze (also sage: »Ich will«). Wenn dieses

Ich gar nicht mein eigenes Ich ist, sondern ein Platzhalter für das, was das Kind nun tun soll, weil ich irgendwo gelesen habe, was »die Wissenschaft empfiehlt«, dann handle ich nach einem vorgefertigten Konzept. Dieses Ich wird nicht wirken.

Zugleich kann hier die Frage entstehen, ob ich als Erwachsene das Recht habe, in den Körper meines Kindes, die Reinigung der Zähne, einzugreifen? Das Kind hat kein Problem damit, mit ungeputzten Zähnen ins Bett zu gehen – es ist mit sich im reinen. Damit wird klar, dass *nur ich* entscheiden kann, wie ich das handhaben möchte. Es geht also nicht darum, dem Kind begreiflich zu machen, warum ich ihm die Zähne putzen will. Wenn *ich* mir selbst im klaren bin, kann ich klar meine Prioritäten setzen und dann in einen gemeinsamen Prozess mit meinem Kind eintreten.

Als Mutter hatte das Zähneputzen bei mir weniger Priorität, Priorität hatte damals mein Feierabend ab 20 Uhr, den ich entsprechend vertreten habe.

Wenn anderen Eltern das Zähneputzen wichtig ist, werden sie es ebenso mit persönlicher Autorität ihren Kinder gegenüber vertreten können. Solche Eltern putzen sich meist selbst gerne und leidenschaftlich die Zähne oder haben die Sorge, dass ihre Kinder schlechte Zähne bekommen.

Mit diesem Beispiel wollte ich deutlich machen, dass in Konfliktsituationen für beide Seiten besonders klar werden kann, was uns wichtig ist, wie wir für etwas eintreten und wie wir voneinander lernen können.

Wir können uns heute nicht mehr davor verstecken oder drücken, wirklich ins Tun und ins Durcharbeiten unserer selbst zu kommen. Sonst würden wir an der Oberfläche bleiben, ohne unser Leben wirklich zu ergreifen. *Beziehungen, und besonders die Beziehungen zu Kindern, sind unsere große Chance!* Sie helfen uns, sie begleiten uns auf dem Weg zu unserem eigenen Selbst. Indem wir zu uns kommen, können Kinder zu ihrem Eigenen kommen, ihr Eigenes anschauen und wertschätzen. Es ist ein gegenseitiges Bereichern und Weiterentwickeln.

Bei vielen Konflikten mit Kindern ist es hilfreich, sich klarzumachen, wer das Problem tatsächlich hat, zum Beispiel beim Anziehen morgens, um rechtzeitig im Kindergarten zu sein. Kinder denken weder in Zeitdimensionen noch in Strukturen: Ihnen ist egal, was in Zukunft ist und welche Auswirkungen es hat, wenn der Vater deshalb zu spät zur Arbeit kommt. So entstehen viele Konflikte im Zusammentreffen von Erwachsenen- und Kinderwelt.

In Konflikten fordern uns die Kinder heraus, das Zusammenleben mit ihnen tatsächlich zu gestalten, Prioritäten zu setzen, die Welt aus einem anderen Blickwinkel heraus zu betrachten und Verantwortung für unsere Werte und Entscheidungen zu übernehmen. Ein grandioses Lernfeld!

Herausforderungen im Zusammenhang mit Kindern bringen uns weiter. Wir hoffen oft auf eine ruhige, harmonische Gemeinschaft in der Familie und vergessen dabei, dass das Leben bunt und lebendig ist. Es ist gerade nicht ruhig und gleichbleibend. Im Zusammenleben mit Kindern steckt eine unglaubliche Dynamik! Das ist Leben, ein Auf und Ab, Freude und Trauer, ein ständiges Hin und Her, das ist Lebendigkeit.

Das Starre, das Feste im Leben kommt eher von den Erwachsenen, die an schönen Erfahrungen und Erlebnissen festhalten wollen. Kinder haben dieses Bedürfnis nicht, denn sie entdecken ständig neue spannende Dinge, über die sie sich freuen können und mit denen sie glücklich sind. Sie sind empfänglich für die Schönheit, die Lebendigkeit um sie herum und müssen an nichts Vergangenem festhalten. Sie sind frei, das zu entdecken, was ihnen vor die Nase fliegt. Sie lassen sich auf die Dynamik des Lebens ein. Ganz gleich, was kommt – sie ergreifen, gestalten und genießen es.

Die Herausforderungen und Impulse, die das Zusammenleben mit Kindern mit sich bringt, sind Schlüsselerlebnisse im wahrsten Sinne des Wortes. Sie sind die Schlüssel, um an verborgene Verletzungen, Traumata und Schmerzen heranzukommen: und zwar kostenlos, ohne langwierige therapeutische Sitzungen. Kinder und das Zusammenleben mit ihnen sind tatsächlich ein Segen und eine große Herausforderung für ihre Eltern und die Welt. In den Schwierigkeiten, die wir mit ihnen haben, und mit den viele Fragen, die sich im Zusammensein mit ihnen auftun, stecken wunderbare Chancen für uns: Wir können uns von angesammeltem Ballast befreien und selbst heilen.

Kinder helfen uns, das Leben neu zu entdecken, aus Altem auszubrechen, um bei uns selbst anzukommen.

Ich höre oft, wie anstrengend und nervenaufreibend das heutige Zusammenleben mit Kindern sei, wobei die Schuld dafür bei den Kindern gesucht wird. Ja, Kinder passen nicht in diese Welt. Ja, sie funktionieren nicht einfach wie Maschinen. Ja, sie bringen uns an unsere eigenen Grenzen – damit wir sie kennenlernen und überschreiten.

Dabei können sich unsere Haltung zur Welt und unser Blick auf sie ändern. Nicht Kinder sind das Problem, sondern unsere Vorstellungen von der Welt, die Strukturen, an denen wir festhalten, die selbst auferlegten Begrenzungen: Das sind die wahren Probleme.

Besonders dann, wenn sie schwierig sind, wenn wir nicht weiterwissen, wir überfordert, unzufrieden und unglücklich sind, sind Kinder der Schlüssel zur Lösung! Das Leben mit ihnen ist mit der wunderbaren Möglichkeit verbunden, dass wir uns weiterentwickeln und uns Dinge bewusstwerden, die zu verändern sind. Es lohnt sich wirklich, sich darauf einzulassen. *Sie muten uns sehr viel zu, weil sie das Vertrauen haben, dass wir es bewältigen können.*

Wir sind erwachsen, wir können reflektieren, unser Herz befragen oder uns nötige Hilfe holen.

Herzebene der Kinder

Auch wenn wir das Bild einer Familie im Kopf haben, in der sich alle verstehen, sich freundlich unterhalten und gemeinsam friedlich zusammenleben: Das ist nur die eine Seite der Medaille. Die andere Seite zeigt die Auseinandersetzungen und unterschiedlichen Bedürfnisse, die Selbsterfahrung im Gegenüber und in der Abgrenzung. Ja, Kinder fordern sich und uns täglich heraus und stehen mit ihrer ganzen Person, mit ihrem Herzen und der Lebendigkeit ihrer Emotionen für sich selbst und für das, wozu sie Lust haben. Wie gehen wir mit dieser prallen, sprühenden Dynamik um?

Zunächst stößt sie auf unser gewohntes Leben, das etwas abgestumpft ist und in dem die Lebendigkeit unserer Emotionen eher unterdrückt und Konflikte rational auf der Sachebene gelöst werden.

Rationale Lösungen finden auf der Ebene des Denkens statt. Ich überlege, was vorgefallen ist, versuche, verschiedene Aspekte mit einzubeziehen und das Problem mit Hilfe meines gewohnten Denkmodells zu lösen. Hierfür gibt es Kriterien und Werte nach denen entschieden wird. Auf diese Weise haben wir gelernt, rational und vernünftig zu handeln. Kinder bringen in Konflikte eine andere, zusätzliche Komponente ein: ihr Herz, ihr Innerstes, ihre Seele. Sie sind noch nicht getrennt von ihrem Inneren, sondern sehr eng damit verbunden.

Sie sprechen und handeln von ihrer *Herzebene* aus. Wenn wir diese Ebene ernst nehmen, dann gelingt es, dass Kinder sich als wirklich wahrgenommen erleben. Sie werden als Person, so wie sie sind, gesehen und fühlen sich dann weder missverstanden noch abgelehnt. Dasselbe gilt auch für Erwachsene.

Wir dürfen selbstverständlich rational denken, wenn wir die Vernunft nutzen, um das Herz mit einzubeziehen.

Auf der Herzebene, auf der Kinder sehr kompetent sind, sprechen Gefühle, die mit Bedürfnissen wahrgenommen und verbunden werden, damit wir gut für uns sorgen. In Konflikten mit Kindern (oder anderen Menschen) gibt es daher verschiedene Ebenen, die beachtet werden möchten.

Da ist zum einen das Kind mit seinen Gefühlen und Bedürfnissen, zum anderen die persönlichen Emotionen und Wünsche der Erwachsenen sowie die Abwägung zwischen beiden. Um damit umgehen zu können, bedarf es lebendigen Denkens und der Vernunft, die sich vom Herzen inspirieren lässt und darauf hinweist, welche Bedürfnisse im Moment Vorrang haben. Wir handeln oft nur vernünftig, sind in unserem Alltagsdenken gefangen und wägen aus rationellen Gründen auf Grundlage dessen ab, was wir als Kind gelernt haben. So sagen wir zum Beispiel: »Es gibt kein Eis vor dem Abendessen.«

Die Bedürfnisse, die Herzebene beider Seiten spielt im Rationalen keine Rolle. Die Folge ist: Niemand fühlt sich gesehen und wirklich ernst genommen. Das Kind stellt aus Sicht eines solchen Alltagdenkens unmögliche Forderungen und die Erwachsene antwortet in ihrer alten, gelernten Rolle darauf, zum Beispiel als Mutter. Hier findet keine Begegnung, keine Beziehung zwischen Kind und Erwachsener statt. Das ist für beide unbefriedigend und manchmal auch zerstörerisch, da nur die Vernunft regiert, wogegen das Herz, das den Menschen in seinem Wesen ausmacht, unterdrückt wird.

Kinder setzen sich noch mit ihrem ganzen Herzen ein und ringen darum, als Person wahrgenommen zu werden. Für sie ist jeder Konflikt persönlich. Wir Erwachsenen haben aufgrund unserer Erfahrungen in dieser Hinsicht oft aufgegeben, äußern im Extremfall nicht einmal mehr unsere Wünsche, weil wir davon ausgehen, dass wir sowieso nicht gesehen und gehört werden. Wir setzen uns oft nur noch für Dinge ein, die uns wirklich sehr wichtig sind und uns am Herzen liegen. Wir sind vernünftig geworden und haben uns angepasst. Doch zu welchem Preis? Wir haben den Zugang zu unserem Herzen und zu uns selbst zugeschüttet.

Kinder leben uns vor, wie es möglich ist, sich mit offenem Herzen für die eigenen Dinge einzusetzen: Wir können von ihnen lernen, den Zugang zu unserem Herzen, unseren Bedürfnissen wieder neu zu finden. Sie fordern uns dazu heraus, lassen nicht nach und geben sich mit keinen Ausreden wie: »Das macht man nicht, das gehört sich nicht« zufrieden. Sie wollen einen Zugang zu uns als Person und wissen, wer wir vom Herzen her betrachtet sind – nicht auf Basis eines angelernten Denkens. Sie wollen Zugang zu unserer Seele.

Wie kann ein liebevoller Umgang mit Konflikten aussehen?

Das Kind sagt: »Ich will jetzt ein Eis haben!« und setzt sich lautstark dafür ein. Als Erwachsene kann ich zunächst dem Worte geben, was mir vom Herzen des Kindes entgegenkommt. »Dir ist es wichtig, jetzt ein Eis zu essen, weil du es liebst, das Leben zu genießen und es dir schön zu machen, und dafür kämpfst du.« Dann geht es darum, die eigenen Gefühle und Bedürfnisse innerlich wahrzunehmen, indem ich zum Beispiel anerkenne: »Ich ärgere mich, weil ich mir den Genuss abgewöhnen musste.«

Danach kommt das Abwägen, für das ich meine Vernunft sehr gut nutzen kann und bei dem es sinnvoll ist, sie einzusetzen. Ich sehe das Bedürfnis meines Kindes nach Genuss, habe verstanden, was mich daran ärgert, dass es mir möglicherweise schwerfällt, das Leben zu genießen: »Das würde ich auch gerne…«

Im selben Augenblick denke ich daran, dass es in zwei Stunden Abendessen gibt, ich etwas Leckeres, Gesundes gekocht habe, mir wünsche, dass mit Freude gegessen und die Mahlzeit wertgeschätzt wird. Nun wäge ich ab: zwischen dem Wunsch des Kindes, ein Eis zu essen und das Leben zu genießen, und meinem Bedürfnis, mir gleichfalls zu erlauben, das Leben zu genießen; zwischen dem Bedürfnis nach Wertschätzung für das gekochte Essen, der Verantwortung für die Ernährung meines Kindes oder den vorhandenen finanziellen Möglichkeiten. Kinder haben in jungen Jahren nur sich selbst im Blick – und das ist gut so. Also müssen die Erwachsenen allein die Verantwortung für ihre Abwägungen und Entscheidungen übernehmen.

Eine Antwort könnte heißen: »Ich sehe, wie wichtig dir das Eis ist und dass du es genießen möchtest. Ich kaufe dir jetzt kein Eis.« Das reicht vollkommen, auch wenn es sich zunächst komisch anhört: Die Begründung einer Entscheidung ist unnötig, wenn ich damit nur das Kind überzeugen will.

Manchmal können wir nicht sagen, warum wir so oder so entscheiden, wir verlassen uns auf unser Bauchgefühl. Wenn das für uns stimmig ist, werden Kinder immer wieder nachfragen, so dass ich die Chance bekomme, durch genaue Prüfung wirklich zu meinem Eigenen zu kommen.

Es schadet natürlich nicht, den Kindern unsere Abwägungen mitzuteilen. Andererseits müssen wir aufpassen, dass wir sie nicht mit unseren Worten überrollen. Die Reaktion vieler Kinder darauf ist, einfach wegzuhören oder sich die Ohren zuzuhalten.

Kinder verstehen Dinge auch ohne viele Worte, wenn wir mit unserem Herzen sprechen, und genießen den Kontakt, der entsteht, wenn sich zwei Ichs, zwei Subjekte, begegnen.

Konflikte bieten also beiden Seiten tolle Möglichkeiten, sich herzlich zu begegnen.

(Auch in dem vom Psychologen Marshall B. Rosenberg entwickelten Handlungskonzept der Gewaltfreien Kommunikation wird von einer Herzenssprache gesprochen, die beide Seiten nährt.)

Kooperation

Kinder lassen sich ganz auf ihre Eltern ein. Sie sind voller Vertrauen, genau bei diesen Eltern richtig zu sein. Und sie kooperieren mit den Erwachsenen, wie es Jesper Juul nennt. Kooperation meint nicht, dass sie einfach das machen, was wir sagen, sondern diese Kooperation findet auf einer tieferen Ebene statt. Sie durchschauen uns, haben Zugang zu unserem inneren Wollen und lassen sich nicht von unserem außen gezeigten Verhalten ablenken.

Ein Beispiel aus meiner Zeit mit meinen Kindern: Ich war bei einer Besprechung mit mehreren Beteiligten in der Schule meiner Kinder. Meine Tochter, damals etwa sieben Jahre alt, gesellte sich nach ihrem Unterricht zu uns und sagte, dass sie jetzt mit mir nach Hause gehen möchte. Ich verdeutlichte ihr, dass wir noch nicht fertig seien und ich noch bleiben wolle. Sie fing an, an mir herumzuzerren, sich zu beschweren und zu schreien. Ich machte ihr meinen Willen mit dieser Ich-Botschaft klar: »Ich will noch hierbleiben und ich gehe mit dir, wenn ich fertig bin. Du kannst warten oder schon vorgehen.« Obwohl ich also sprachlich alles richtig gemacht hatte, hörte sie nicht auf, sich zu beschweren. Ich blieb trotzdem bis zum Ende der Besprechung, mit einem meckernden und schreienden Kind an der Seite. Zu Hause machte ich mir Gedanken, was passiert war. Manche würden sagen, dass meine Tochter einfach nicht respektiert hat, was mir wichtig war, also anscheinend nicht gewöhnt war, auf mich zu hören.

Tatsächlich hat meine Tochter zutiefst mit mir *kooperiert*. Beim Nachdenken über diese Situation, die ich überhaupt nicht einordnen konnte und die mich sehr irritiert hatte, wurde mir deutlich, dass sie mit ihrem Verhalten meine innersten Wünsche gespiegelt hatte. Als ich ehrlich mit mir selbst war, wurde mir klar, dass ich die Besprechung innerlich als langweilig und sinnlos empfand und sie gerne abgebrochen hätte, mich aber aus Höflichkeit verpflichtet gefühlt hatte, bis zum Schluss dabei zu bleiben. Ich gestand mir nicht einmal selbst ein, dass ich lieber sofort gegangen wäre. Und dann kam meine siebenjährige Tochter und machte mir durch ihr Verhalten deutlich: »Hey Mama, du willst überhaupt nicht hier sein, dann übernimm die Verantwortung für dich selbst und gehe!« Unglaublich! Ich habe in dieser Situation, die ich sehr anstrengend fand – manche würden sagen, in der ich mich mit einem ungezogenen Kind herumquälte – eine sehr deutliche Rückmeldung zu meinem eigenen Selbst und Willen erhalten. Ich musste sie nur entschlüsseln, was oft sehr schwierig ist und einen langen Atem erfordert.

Solche Situationen treten bei Konflikten mit Kindern immer wieder auf. Wenn wir genau hinschauen und die Situationen mit dem Kooperationsblick betrachten, können sich daraus ganz neue Möglichkeiten ergeben.

Voraussetzung dafür ist folgende Haltung der Erwachsenen zu ihren Kindern und ihrem Verhalten: Wir gehen davon aus, *dass ihr Verhalten sinnvoll ist und sie es gut mit uns meinen*. Dann können wir viel von und mit ihnen lernen.

Das sind die Geschenke unserer Kinder, die wir leider oft nicht annehmen und den Kindern wieder vor die Füße werfen. Jesper Juul nennt hierzu sogar eine Zahl: Er geht davon aus, dass sich Kinder zu achtzig Prozent kooperativ (im Sinne von Rückmeldungen) verhalten und sich nur zu zwanzig Prozent an ihren eigenen Wünschen orientieren. Dies bedeutet, dass sie das Wohl und die Entwicklung ihrer Eltern über ihre eigenen Bedürfnisse stellen. Das dürfen wir uns erst einmal auf der Zunge zergehen lassen.

Wenn uns dieses Handeln der Kinder wirklich bewußtwird, dann verändert es unseren Blick auf unsere Kinder und das Zusammenleben mit ihnen kolossal.

Kinder bleiben an unseren heiklen Themen auch dann dran, wenn wir uns selbst nicht an sie herantrauen. Sie machen uns durch ihr Verhalten immer und immer wieder aufmerksam auf das, was fehlt oder nicht im Gleichgewicht ist. Wenn wir uns auf unsere Kinder einlassen, stecken darin alle Möglichkeiten der Selbsterkundung und ein großartiges Potential zur Veränderung.

Kinder zeigen nicht mit dem Zeigefinger auf uns und sagen: »Das musst du verändern, das ist noch nicht in Ordnung«, sondern sie geben uns konkrete Rückmeldungen, in welchen Momenten wir nicht authentisch sind, das äußere Verhalten nicht mit unserem Inneren übereinstimmt. Sie drücken durch ihr Verhalten aus, dass unser Verhalten nicht im Einklang mit uns ist. Sie weisen uns deutlich darauf hin und muten und trauen uns zu, dass wir Verantwortung für uns übernehmen und etwas an unserem Verhalten ändern können. Das kann ein sehr therapeutischer, liebevoller Prozess sein, da sie uns nicht bewerten, sondern lediglich liebevoll und ohne Scheu direkt darauf hinweisen.

Wenn wir uns auf diesen Prozess einlassen und uns wirklich mit unseren Themen beschäftigen, dann werden unsere Kinder auch frei für ihr ganz Eigenes. Sie müssen sich nicht mehr um uns kümmern, weil wir das selbst übernehmen.

Noch ein anderes Beispiel, um die Kooperation der Kinder zu verdeutlichen. Manchen Kindern fällt es schwer, sich im Kindergarten, in der Schule oder bei anderen Aktivitäten von ihren Eltern zu trennen. Das kann unterschiedliche Gründe haben.

Eine Möglichkeit ist, dass den Erwachsenen selbst die Trennung schwerfällt und sie möglicherweise noch nicht dazu bereit sind, sich von ihrem Kind zu lösen. Der Kopf kann dann zwar alles für die Trennung in die Wege geleitet haben, das Herz jedoch wünscht sich Verbundenheit und stimmt mit dem Kopf nicht überein. Möglicherweise spüren Kinder dabei auch, dass sich Erwachsene noch sehr unwohl fühlen.

Kinder kooperieren dann, indem sie sich nicht von ihren Eltern lösen. Sie zeigen auf, dass sich die Erwachsenen nicht stimmig verhalten (das Herz nicht mit dem Kopf übereinstimmt), und wünschen sich oder erwarten, dass die Erwachsenen die Situation für sich klären. Sobald Eltern die Verantwortung für sich übernehmen, können Kinder ihren Freiraum nutzen und sich ganz auf das Erkunden der Umgebung einlassen. Viele Kinder sorgen sich um ihre Eltern und kooperieren zutiefst. Manchmal geht das auch so weit, dass sie sich selbst schaden. (Siehe z.B. den Film »Systemsprenger« 2019 von Nora Fingscheidt.)

Das Thema »Konflikte mit Kindern« ist also sehr vielschichtig zu betrachten. Es geht nicht nur darum, wie ich mich verhalte oder was ich sage, wenn mein Kind meine Grenze überschreitet. Sondern es geht darum, wirklich zu verstehen, wie komplex die Zusammenhänge sein können, wie stark Kinder mit uns kooperieren und welche Herausforderungen und große Chancen für beide Seiten damit verbunden sind. Jeder Konflikt muss individuell und persönlich angeschaut werden! Es gibt keine allgemeinen Lösungen oder ein richtiges Verhalten. Je öfter sich die gleichen Themen wiederholen, um so genauer und tiefer gilt es zu klären, was die möglichen Zusammenhänge sein könnten.

Es ist sehr bereichernd, mit einem solchen Blick an Auseinandersetzung heranzugehen. Sie bekommen dann den Charakter einer Schatzsuche oder Schnitzeljagd: Es gilt, das Schatzkästchen zu finden.

Auch wenn wir nicht immer gleich Lösungen finden oder sogar Irrwege gehen, hilft uns dieser neue Blick, freier mit Schwierigkeiten umzugehen, den Sinn dahinter zu sehen und unsere Gegenüber, also unsere Kinder, zu schätzen und zu respektieren. Auf dieser Basis entwickeln sich Menschlichkeit und Respekt im Kleinen wie im Großen.

Der Blick Erwachsener auf Kinder von oben herab wird damit ausgelöscht. Kinder lernen sehr viel von unserem Verhalten, wie wir mit anderen und uns selbst umgehen. Wir als Erwachsene können mindestens genau so viel von Kindern lernen, zum Beispiel, wie Echtsein aussieht, wie wir zu unseren Bedürfnissen stehen können, wie liebevoll wir mit anderen umgehen, wie hingebungsvoll wir uns unserer Arbeit widmen und wie viel wir uns und unseren Mitmenschen zutrauen.

Wir können von und miteinander lernen, wenn die Erwachsenenwelt der Kinderwelt begegnet und umgekehrt. Dadurch verändern sich beide Welten, sie werden menschlicher und alle wachsen.

Schreien und Schlafen bei Kindern

Schreien – Zumutung und Begleitung

Das Schreien eines Kindes ist ein Thema, das sehr viele Eltern am Beginn des Zusammenlebens und auch darüber hinaus sehr stark beschäftigt. Wir kennen in der Erwachsenenwelt die Ausdrucksform des Schreiens so unmittelbar nicht mehr, sondern sind es gewohnt, uns verbal auseinanderzusetzen und unsere Gefühle zurückzuhalten.

Ich erinnere mich sehr gut an die Anfangsphase mit meinem ersten Kind, in der ich recht blauäugig davon ausging, dass – wenn ich nur gut für mein Kind sorgen und mich nach seinen Bedürfnissen richten würde – mein Sohn keinen Grund hätte zu schreien. Er lehrte mich etwas ganz anderes. Er schrie anfangs sehr viel, auch wenn er gerade gestillt worden war, eine frische Windel hatte und bei mir im engen Körperkontakt war. Ich konnte mir nicht erklären, was ich falsch machte. Ich versuchte, noch mehr zu tun, ihn noch mehr zu stillen und ihn nur noch zu tragen. Er schrie trotzdem, und ich wurde immer unruhiger. Auch das Einschlafen funktionierte nicht so einfach, wie ich es mir vorgestellt hatte. Mein Sohn schrie und schrie, ich probierte alles aus, und er schrie einfach weiter. Ich geriet in einen Gedankenstrudel: »Ich muss doch jetzt eine Lösung finden, ich bin eine schlechte Mutter, ich verstehe mein Kind nicht, ich kann nicht gut für ihn sorgen, ich fühle mich halt- und machtlos.«

In meinem Kopf war das Bild: Ich *muss* das Schreien *beenden*, weil *ich* es sonst nicht mehr aushalte. Mein Sohn war ein sehr guter Lehrer für mich. Ich war am Ende meiner Kraft, und meine Hilflosigkeit verwandelte sich in Ärger, Wut und Aggression ihm gegenüber. Seitdem kann ich mir vorstellen, dass Eltern, die nicht mehr weiterwissen und ganz am Ende ihrer Kraft sind, ihre Kinder leider auch schlagen. Ich schaffte es, meine Aggressionen in tatkräftiges Handeln umzuwandeln und packte meinen Sohn in den Kinderwagen und rannte los! Danach ging es mir deutlich besser. Ich lernte mich selbst besser kennen und erkannte: Wenn ich mich hilf- und machtlos fühle, werde ich aggressiv, um damit meine Traurigkeit und Einsamkeit zu überdecken. Ich merkte an jenem Tag, dass ich nicht handlungsunfähig war, für mich sorgen, mir etwas Gutes tun und mich sehr schnell bewegen konnte.

Als ich ein Kind war, war das anders: Da fühlte ich mich oft ausgeliefert und machtlos und habe mich dann in mich selbst zurückgezogen. Diese Unterscheidung zwischen der heutigen Situation und meinen Erlebnissen als Kind, die mir durch das Zusammenleben mit den eigenen Kindern in Erinnerung kamen, war für mich sehr wichtig. So kann ich *heute* mit den alten Verletzungen umgehen, sie bearbeiten und verwandeln, um ihnen nicht mehr hilflos ausgeliefert zu sein.

Auch über das Thema Schreien lehrte mein Sohn mich unendlich viel, weil er einfach an dem Thema blieb und weiter schrie, bis ich es annehmen konnte – und zwar als Ausdruck dessen, wie es ihm in diesem Moment ging.

Schreien war nicht Ausdruck seines Ärgers über mich und auch nicht mit der Aussage verbunden: »Mama, du musst mir helfen.« Das Schreien war einfach der Ausdruck seines Selbst. Natürlich war ich aufgefordert zu schauen, was er brauchte, seine Bedürfnisse wahrzunehmen und wo es ging, zu erfüllen.

Andererseits war sein Schreien seine Sprache, die mir deutlich machte: »Mir geht es nicht gut, ich bin nicht im Gleichgewicht mit mir selbst.«

Die Aufgabe bestand darin, ihn zu begleiten, wahrzunehmen und nicht selbst aus dem Gleichgewicht zu geraten oder den eigenen Halt zu verlieren, so dass wir nicht beide haltlos wurden.

Auf sein Schreien einzugehen – gut verankert in mir selbst – ihm *beizustehen* und da zu sein für das, was da ist, auch ohne eine Lösung parat zu haben und ohne den Druck, partout etwas machen zu müssen – das war angesagt.

Es war eine harte Schule für mich, in der ich durch Höhen und Tiefen ging und getreu dem Prinzip: »Das muss jetzt einfach sein, das mache ich nicht länger mit, das muss er jetzt lernen« selbst trotzig und dickköpfig wurde und meinen Kopf (nicht mein Herz) durchsetzen wollte. Manche Dinge habe ich falsch gemacht, habe Fehler gemacht, die mir leidtun. Doch habe ich gerade daraus viel gelernt, mich und meine Strukturen kennengelernt und daraufhin vieles verändert. Ich habe gemacht, was mir in dem Moment möglich war, und dann die Rückmeldungen meines Sohnes erhalten und aufgenommen. In solchen Situationen machen wir Fehler – das ist normal und nicht das Problem. Problematisch wird es erst, wenn wir nichts daraus lernen wollen und uns selbst nicht vergeben, dass wir sie gemacht haben, also in unserem Schuldempfinden und dem schlechten Gewissen steckenbleiben.

Das Schreien eines Kindes auszuhalten und zu begleiten, ohne sich im Schreien zu verlieren, ist eine harte Schule, auf die wir gewöhnlich nicht gut vorbereitet sind.

Wir wissen zwar, wie wir handeln könnten, doch wir wissen nicht, wie wir *einfach nur präsent* sein können und *wie hilfreich* das sein kann. Unsere ganze Welt ist sehr stark auf Produktivität, auf Handeln und Tun ausgerichtet. Die Empfänglichkeit für das, was da ist, sich für die Gefühle des Gegenübers zu öffnen, ohne selbst aus dem Gleichgewicht zu geraten, all das wird nicht wichtig genug genommen und nicht gelehrt oder gelernt. Erst bei extremen Krisensituationen, etwa bei der Begleitung von Sterbenden oder Trauernden, wird deutlich, welche Qualität allein das Präsentsein und die Begleitung haben.

Im Zusammenleben mit Kindern, ganz besonders in den ersten Monaten und Jahren, können wir uns mit Hilfe der Kinder diese Fähigkeiten wieder neu aneignen.

Das Schreien kann aus unterschiedlichen Blickwinkeln betrachtet werden: einerseits aus Sicht des Kindes und andererseits aus Sicht der Erwachsenen.

Für Kinder ist das Schreien oder Weinen ihre direkteste Ausdrucksform. Je jünger Kinder sind, desto ganzheitlicher ist das Schreien. Bei Säuglingen ist das Schreien nicht nur hörbar, sondern auch deutlich sichtbar. Manche Kinder schreien sich buchstäblich die Seele aus dem Leib. Die Kinder sind in diesen Momenten das reine Schreien. Sie sind außer sich und vollkommen durcheinander.

Was nützt das Schreien und für was ist es gut? Schreien ist ein sehr deutliches Signal, dass Kinder im Ungleichgewicht sind, es ihnen nicht gutgeht. Außerdem kann das Schreien die Möglichkeit sein, wieder ins Gleichgewicht zurückzufinden, eine Art Reinigung. Kinder sind im Ungleichgewicht, wenn sie zu viele Reize aufgenommen haben, sie fühlen sich unwohl, wenn sie Hunger oder Durst haben, müde sind oder Schmerzen haben. Es hat sich zu viel Anspannung in ihnen aufgebaut, und sie fühlen sich haltlos. Durch das Schreien wird die Spannung abgebaut; es wirkt als Ventil, das sich öffnet, um den Druck loszuwerden. Je älter Kinder werden, um so differenzierter wird das Schreien. Es ist wie eine Sprache, die sich entwickelt.

Für Erwachsene stellt sich die Frage, was das Schreien bei ihnen auslöst. Das kann individuell ganz unterschiedlich sein. An erster Stelle steht sicher ein innerer Alarmknopf, der zu blinken beginnt und damit eine Art Alarmbereitschaft auslöst, die dazu auffordert, zu schauen, was nun gebraucht werden könnte. Dieser Impuls ist natürlich sinnvoll und notwendig, um offensichtliche Bedürfnisse wie Hunger, Durst, Wärme oder Unwohlsein zu erfüllen. Wie gehe ich damit um, wenn das Kind trotzdem weiterschreit?

Manche Eltern geben sich dem Schreien ihres Kindes ganz hin und verlieren dabei ihr eigenes Gleichgewicht. Andere wiederum werden unruhig und hilflos: »Was soll ich tun, mein Kind schreit und schreit und ich weiß nicht weiter!« Diese Hilflosigkeit kann in Aggressionen umschlagen: »Jetzt mache ich schon alles für dich, und du schreist einfach weiter!« Viele Eltern sind erschöpft und müde: »Bitte nicht schon wieder schreien, ich bin so fertig.« Bei anderen Eltern kann der Wunsch, das Schreien abzustellen, so groß werden, dass sie die verrücktesten Dinge machen! Tief vergrabene unbewusste Erinnerungen und Gefühle der Machtlosigkeit aus der eigenen Kindheit werden angesprochen. Es ist wie ein Hineingreifen in versteckte Erinnerungsschätze, die wir bewusst vergraben haben, weil wir sonst nicht zurechtgekommen wären.

Viele Eltern kennen die verschiedenen Reaktionsweisen sehr gut. Die Frage bleibt: Was braucht das schreiende Kind, wenn die eindeutig feststellbaren Bedürfnisse gestillt sind?

Auch bei dieser Frage ist es sinnvoll, sich anzunähern und zunächst einmal zu überlegen, was die Kinder *nicht* brauchen. Wenn ich das Schreien der Kinder wirklich als Ausdrucksform ihres Seins sehen kann, dann besteht der erste Schritt darin, das Schreien so, wie es ist, zu *akzeptieren*. Das Kind braucht den Raum, durch das Schreien auszudrücken, wie es ihm gerade geht. Diese Sicht auf das Schreien einzunehmen – daran scheitern wir heute oft.

Der Blick der Erwachsenen ist stark auf Lösungen ausgerichtet. Sie wollen wissen, was sie tun sollen, anstatt zunächst einmal das Schreien, so, wie es ist, anzunehmen. Mit dieser Fixierung auf Lösungen, der Suche nach den Gründen und dem Versuch, diese zu beheben, ist der starke Wunsch nach dem *Beenden des Schreiens* verbunden. Wir alle sind es nicht gewohnt und halten es oft nicht aus, wenn Kinder weinen und schreien. Das hat nichts mit dem Schreien der Kinder zu tun, sondern ist eine Herausforderung für uns Erwachsene.

Wir bekommen dadurch die Chance, uns mit uns selbst auseinanderzusetzen, unsere Rollenbilder als Eltern anzuschauen, unseren Umgang mit Verletzungen und Gefühlen zu betrachten und uns mit unserem Halt im Leben und unserem Verständnis davon zu beschäftigen. Die Aufgabe von uns Erwachsenen ist nun, in uns zu gehen und im Nachhinein zu klären, welche Prozesse beim Schreien des Kindes bei uns abgelaufen sind, uns selbst zu hinterfragen und uns dadurch besser kennenzulernen. Zusammengefasst: die Mechanismen, die in solchen Fällen automatisch ablaufen, aufzudecken.

Im Umgang mit dem schreienden Kind stellt sich die Frage, welche Botschaft ich ihm vermittle, wenn ich alles daransetze, sein Weinen und Schreien zu beenden. Manche Eltern sind verzweifelt, wissen nicht weiter und halten das Schreien nicht länger aus, so dass sie ihr Kind im Kindersitz auf die laufende Waschmaschine stellen, den Staubsauger oder Fön anstellen oder mit dem Kind im Auto spazieren fahren. In solchen Situationen, die sich immer mehr zugespitzt haben und wo es nur noch darum geht, dem Schreien beizukommen, kann Hilfe und Unterstützung für Eltern und Kinder hilfreich sein. Die Eltern wollen gut für ihre Kinder sorgen und sind zugleich so verwirrt, dass sie ihnen nur wenig Halt und Sicherheit in dieser schwierigen Situation bieten können.

Zunächst müssen sie zulassen und aushalten, dass es den Kindern in dem Moment schlechtgeht und sie verzweifelt sind. Dieser Verzweiflung oder dem Schmerz, der für uns Erwachsene schwer zu ertragen ist, weil wir natürlich wollen, dass es den Kindern gutgeht, gilt es Raum zu schenken. Die Kinder wollen gesehen und wahrgenommen werden, wie sie sind.

Dieser *Zumutung*, dass das Leben selbst ganz kleiner Kinder, auch wenn wir alles für sie tun, mit Schmerzen, Verzweiflung und Anspannung verbunden ist, müssen wir uns als Gegenüber stellen. Wir müssen ihnen die *Sicherheit* geben, dass wir auch *jetzt bei ihnen* sind.

Wir können nicht alle Schmerzen beseitigen, wir können die Kinder nur darin begleiten und ihnen Halt geben, indem wir in ihrem Weinen für sie da sind.

Es geht um nicht mehr und nicht weniger als um die Akzeptanz, dass das Leben aus Freude und Leid, Angst und Schmerz, Bindung und Verlassenheit besteht. Kleine Kinder, Säuglinge sind unsere größten Lehrmeister. Je mehr wir diese Kehrseite der Medaille verleugnen oder verdrängen wollen, um so mehr bekommen Kinder vermittelt, dass sie so, wie sie mit ihrem Schreien sind, nicht okay und erwünscht sind. Das heißt: Ihr Schmerz, ihr Weinen und ihre Verzweiflung werden noch größer.

Kinder brauchen in ihrem Schreien ein verlässliches Gegenüber, das sie wahrnimmt und mitfühlt. Nicht ein Gegenüber, das Mitleid hat oder sich im Schmerz verliert, sondern ihnen die Sicherheit und den Halt gibt, dass dieser Schmerz sein darf und gemeinsam durchgestanden wird. Das ist anstrengend, kostet Kraft, konfrontiert jeden Menschen mit den eigenen Verletzungen und schweißt indessen unglaublich tief und fest zusammen. Es gibt Sprüche wie: »Geteiltes Leid ist halbes Leid« oder »Du erkennst die wahren Freunde erst, wenn ihr zusammen geweint habt«, die deutlich machen, welcher Schatz darin verborgen liegt.

Wir sind es gewohnt, Weinen und Schreien als etwas Negatives anzusehen, das möglichst sofort beendet werden sollte, weil es schmerzhaft ist. Darüber haben wir vergessen, dass Schmerzen auf etwas hinweisen, dass sie ihre guten Seiten haben. Begleitung in schweren Zeiten, das wünschen wir uns alle. Ein unbeschwertes Leben gibt es nicht; wir entwickeln uns in der Tiefe auch durch schmerzhafte Erlebnisse.

Kinder machen durch ihr Weinen auf etwas aufmerksam und wollen gesehen und wertgeschätzt werden. Mit ihnen zusammen können wir unsere Haltung im Umgang mit Schreien, Schmerzen, Verletzungen entwickeln, die uns reicher und tiefer werden lässt.

Auch wenn wir bei kleinen Kindern oft nicht wissen, warum sie schreien, heißt das nicht, dass sie keinen Grund dafür haben. Es ist sinnvoll.

Mein Sohn, der insgesamt eher unruhig war und viel geschrien hat, hatte in den ersten Monaten abends ab 18 Uhr seine ganz spezielle Schreistunde. Egal, wie der Tag vorher verlief, begann er pünktlich um 18 Uhr zu schreien. Wir trugen ihn herum, versuchten ihn abzulenken, boten ihm etwas zu essen an, wechselten die Windeln… Er schrie einfach weiter. Pünktlich um 19 Uhr hörte er wieder auf.

Wir gewöhnten uns daran, dass wir nichts tun konnten, hielten ihn im Arm und begleiteten sein Schreien. Für ihn, der sehr offen war, jegliche Reize von außen aufsog wie ein Schwamm, war dieses Schreien die Möglichkeit, seine Überreizung loszuwerden. Es war sozusagen ein Reinigungsprozess, der im half, alles zu verarbeiten und loszulassen. Wir gaben ihm Sicherheit, indem wir da waren, ihn hielten, das Schreien mit ihm gemeinsam aushielten, ohne dass wir mit ihm mitlitten oder versuchten, ihn zu trösten. Wir waren einfach für ihn da, innerlich präsent, vertrauensvoll und sicher, dass wir das gemeinsam bewältigen konnten.

Auch bei älteren Kindern sind wir immer wieder in Versuchung, schmerzhafte Erfahrungen auszublenden, wegzureden oder zu ignorieren. Aussagen wie: »Da ist doch nichts passiert«, »Alles ist gut« – obwohl das Kind schreit wie am Spieß – oder: »Jetzt hör doch endlich auf zu weinen, das ist doch überhaupt nicht schlimm«, verdeutlichen dem Kind, dass es so, wie es ihm gerade geht, nicht in Ordnung ist. Erwachsene maßen sich damit an, den Kindern zu sagen, ob ihre Gefühle und deren Ausdruck in Ordnung sind. Damit stellen sie die Kinder als eigenständige Personen, die das Recht auf ihre eigenen Gefühle und Erfahrungen haben, in Frage.

Wenn es uns schwerfällt, Gefühlsausbrüche auszuhalten, dann können wir das ohne Respektlosigkeit gegenüber den Kindern benennen. Ein Beispiel: »Du ärgerst dich und bist wütend. Ich bin völlig erschöpft und halte dein Schreien gerade nicht mehr aus; ich nehme mir eine kurze Auszeit.«

Hierzu eine Situation mit meiner Tochter, als sie fünf Jahre alt war und eine Woche bei ihren Großeltern verbracht hatte, weil ich auf einem Seminar war. Sie kam äußerlich entspannt zurück, und alle berichteten von schönen Tagen miteinander. Am nächsten Morgen kam meine Tochter in mein Bett und erklärte mir, dass sie jetzt Fernsehen schauen wollte. Ich war etwas verwirrt, weil ich die Frage nicht verstand, da bei uns üblicherweise nur sonntags »Die Sendung mit der Maus« angeschaut wurde. Ich sagte ihr, dass ich das nicht wolle. Sie kannte durch viele Erfahrungen und Anfragen meine Haltung zum Thema Fernsehen. Dann fing sie an zu schreien, zu toben, zu weinen, zu brüllen wie ein riesiger Orkan, der aufzog, was für mich völlig überraschend kam, da das Thema Fernsehen noch nie zur Debatte gestanden hatte. Anfangs versuchte ich, ihr nochmals mit Worten deutlich zu machen, was ich wollte, und auszudrücken, wie es ihr ging, dass sie wütend sei und sich ärgere – was keinerlei Wirkung zeigte. Ich lag mehr oder weniger fassungslos neben ihr, bis mir klar wurde, dass bei ihr irgendetwas nach außen musste. So konnte ich ganz langsam diesen Ausbruch akzeptieren. Mit der Zeit konnte ich mich immer mehr darauf einlassen, einfach nur da zu sein und diesen Schmerz, die Trauer, die von ihr sehr stark empfundenen Anstrengungen mit ihr gemeinsam auszuhalten und zu begleiten. Ich konnte ihr langsam Raum dafür geben, wie es ihr ging, es aushalten und einfach so stehen lassen. Sie schrie, brüllte, tobte und weinte eine Stunde weiter.

Danach war sie wie verwandelt, wie direkt von einem Wellnesstag zurückgekehrt, ausgeglichen, entspannt und fröhlich. Es war, als ob eine dringend benötigte Reinigung der Seele stattgefunden hatte. Sie hatte sich mir zugemutet und mir zugetraut, dass ich damit umgehen konnte, so dass sie sich wieder ins Gleichgewicht bringen konnte. Für mich wurde deutlich, dass die Woche für sie sehr anstrengend gewesen war. Sie hatte sich zwar wohlgefühlt, aber trotzdem immer etwas von sich zurückgehalten, was sie nur ihrer ganz engen Bezugsperson (mir) zumuten wollte. Es war für uns beide ein spannender Prozess und ein ganz besonderes tiefes Erlebnis, das uns zusammenschweißte. Ich konnte ihr Verhalten im Nachhinein auf einmal als Auszeichnung für die gute Beziehung zu mir sehen und war ihr sehr dankbar für diese besondere Erfahrung und die Tiefe unserer Verbindung.

Sie hat mich gelehrt, was in solchen Situationen benötigt wird: die Akzeptanz und das Annehmen dessen, was da ist, und einfach *da zu sein*.

Es ist kein Davonrennen, kein Auflösen in Mitleid, auch keine innerliche Verabschiedung, sondern ein wirkliches Dasein mit der ganzen Person, um so Raum für das Akute zu schaffen. Hätte ich sie getröstet, sie gegen ihren Willen in den Arm genommen und gestreichelt, hätte ich wahrscheinlich nur versucht, mich selbst zu trösten, weil ich nicht mit ihrer Wut umgehen konnte.

Genauso ist es, wenn wir versuchen, eine Ablenkung zu schaffen. Auch da geht es uns meist nicht um die Person des Kindes, nicht darum, sie ernst zu nehmen. Es geht hier darum, dass ich als Erwachsene die Situation nicht aushalte, sie nicht ertrage, weil sie gerade ungelegen kommt oder das alles etwas tief in mir anspricht, auf das ich nicht schauen möchte.

Vielleicht hätte die Ablenkung durch ein Spielzeug oder eben doch den Fernseher etwas genutzt, und sie hätte dann kürzer geschrien. Doch ihr Schmerz wäre dadurch nicht weniger geworden und sie hätte keine Chance gehabt, ihn zu verarbeiten. Vielleicht wäre er in einer anderen Situation hervorgekommen oder sie hätte ihn tief in sich vergraben und die Erfahrung gemacht, dass da kein Raum ist für ihre tiefen Gefühle – und dass sie als Person, so wie sie ist, mit Freude und Schmerz nicht erwünscht ist. Welch eine fatale Botschaft wäre das gewesen! Eine mögliche Folge davon hätte sein können, dass sie sich immer mehr zurückgenommen und zurückgezogen hätte, auch vertrauten Personen weniger von sich zugemutet und so ihr Vertrauen in Menschen und die Welt ein Stück weit verloren hätte.

So können sich Strukturen, Glaubenssätze und Denkmuster bei Kindern einschleichen, die wir überhaupt nicht wollen. Natürlich wirken hier keine Automatismen, bei denen beispielsweise mein Kind automatisch eine Depression entwickeln würde, wenn ich mich auf eine bestimmte Weise verhalte.

Zugleich bestimmen viele kleine Erfahrungen, das Klima und die Umgangsweisen in den Familien und in ihrer Umgebung, wie Kinder geprägt werden. Wie Kinder damit klarkommen, wie sie Dinge verarbeiten, wie sie mit den gemachten Erfahrungen wachsen, ist auch stark davon abhängig, was sie mitbringen, wer sie sind. Es ist ein Wechselspiel zwischen Eltern und Kindern, verbunden mit einem gemeinsamen Wachsen und Sich-Entwickeln. Jedes Verhalten, jedes Tun hat Auswirkungen auf uns selbst, die anderen und die gemeinsame Beziehung. Es ist nicht egal, wie ich mich verhalte, und doch besteht kein ausschließlich linearer Zusammenhang zwischen dem Verhalten der Erwachsenen und der Entwicklung ihrer Kinder.

Es geht nicht darum, richtig oder perfekt zu handeln, sondern um mein Verständnis, dass jede Handlung ein bewusstes Tun mit Folgen ist. Ich kann mein Verhalten im Nachhinein anschauen und mir Gedanken darüber machen, was es für mich, mein Gegenüber und unsere Beziehung bedeutet hat. Mit diesem Reflexionsvermögen ist jeder Mensch ausgestattet, damit Veränderung und Entwicklung möglich sind. Ich kann auch jeden Tag neu entscheiden, dass ich nicht darüber nachdenken möchte, wie ich mich verhalte. Dann bleibe ich im Unbewussten, den alten Denkstrukturen, Glaubensmustern und angelernten Verhaltensweisen, ohne mich zu hinterfragen und zu entwickeln.

Es geht ab einem bestimmten Alter nicht mehr, keine Entscheidung zu treffen, so wie es nicht geht, nicht zu kommunizieren.

Kinder treffen diese Entscheidung noch nicht. Sie handeln aus vollem Herzen und aus dem Einklang mit sich selbst heraus. Das Hinterfragen und Reflektieren mit dem Kopf entwickelt sich im Laufe der Kindheit und wird von dem geprägt, was und wie es die Erwachsenen um sie herum praktizieren. Sie sind so wertvoll für uns, weil sie uns vorleben, wie ein Mensch im Einklang mit sich selbst, aus vollem Herzen, hingebungs- und liebevoll handelt. Sie helfen uns, diese Haltung wieder in unser Leben zu integrieren und konkret umzusetzen, und zwar als erwachsene, reflektierende Menschen.

Das Verhalten von Kindern ist zutiefst geprägt von dem Vertrauen, dass es die andere Person gut mit ihnen meint, und von einem positiven Menschenbild. Etwas anderes ist für sie nicht denk- und vorstellbar. Deswegen begegnen sie allen Menschen mit Offenheit und

Vertrauen, ohne Einschränkung. Sie muten sich uns in dem vollen Vertrauen zu, dass wir damit umgehen können.

Schlafen – Herausforderung und Chance

Ein Leben ohne Schlaf gibt es nicht. Schlafen ist ein Grundbedürfnis jedes Menschen. Er erholt sich im Schlaf, kommt zu Kräften, regeneriert sich, verarbeitet Erlebnisse und entwickelt sich weiter. Durch den Schlaf wird der Rhythmus der Tage geprägt. Er ist ein sich täglich wiederholendes Ritual, das niemand in Frage stellt und nur höchst selten nicht eingehalten wird. Schlaf ist eines der Dinge, die wir weder in den Blick nehmen noch besonders beachten oder wertschätzen, wenn alles glattläuft.

Im Zusammenleben mit kleinen Kindern steht auf einmal die Frage nach dem Schlaf im Mittelpunkt. Viele Neugeborene haben noch keinen Schlafrhythmus oder halten sich nicht an unsere gewohnten Schlafzeiten, also nachts zu schlafen und tagsüber wach zu sein. Der Schlaf kleiner Kinder ist vielmehr stark geprägt von vielen verschiedenen Schlafphasen, kurz oder lang und vollkommen unabhängig von den Schlafrhythmen der Erwachsenen.

Es treffen zwei Welten aufeinander: die Welt der Erwachsenen mit ihren eingespielten Schlafzeiten, und die Welt der Kinder. Sie sind damit beschäftigt, hier anzukommen, zu atmen, Nahrung aufzunehmen und zu verdauen, Licht und Dunkelheit kennenzulernen, ihren Wärmehaushalt selbst zu regulieren, ihre Sinne zu entfalten – also den Lebensrhythmus der materiellen Welt hier auf der Erde kennenzulernen.

Im Leib ihrer Mutter wurden sie mit allem versorgt, was notwendig war, und haben die Außenwelt geschützt – wie in einem Kokon – wahrgenommen. Jetzt treten sie mit allem, was um sie ist, unmittelbar in Kontakt, sie lernen sich selbst und das Außen kennen. Indessen sind sie mit allem ausgestattet, was sie brauchen, um gut durchs Leben zu kommen.

In dieser Spannung befinden sich die Kinder, wenn sie auf die Welt kommen. Ein guter Schlaf ist oft davon abhängig, wie gut die Kinder loslassen und die vielen Reize, die von außen auf sie einstürmen, bearbeiten oder sich von ihnen abgrenzen können. Jedes Kind kommt mit verschiedenen Voraussetzungen hier an, und auch die Erfahrungen, die Kinder machen, sind höchst unterschiedlich.

Was allen Kindern hilft, sind Erwachsene, die *Ruhe* ausstrahlen, die in sich ruhen und ihnen die *Sicherheit* vermitteln und das *Vertrauen* entgegenbringen, dass das Kind mit dieser Situation gut zurechtkommen und eigenständig Lösungen finden kann.

Diese Ausgangssituation haben zu Beginn der gemeinsamen Zeit mit Kindern die wenigsten Eltern, da sie mit einer völlig neuen Situation konfrontiert werden. Je unsicherer und erschöpfter Eltern werden, da ihnen der erholsame Schlaf abhandenkommt, desto weniger Halt können sie ihren Kindern bieten. Es kann sich ein Teufelskreis entwickeln, in dem Kinder immer unruhiger und die Eltern immer erschöpfter werden.

Was hilft hier? *Vertrauen in mich selbst und mein Kind*: dass ich und mein Kind gemeinsam eine passende Form finden können. Wenn ich den nachvollziehbaren Wunsch verfolge, *das Schreien meines Kindes möglichst schnell abzustellen*, weil ich in Ruhe schlafen möchte, werde ich immer wieder neue Lösungen, Ablenkungsstrategien suchen oder ein neues Animationsprogramm anbieten, damit es funktioniert. Dieser berechtigte Wunsch der Erwachsenen macht es den Kindern sehr schwer, sich wirklich angenommen und so akzeptiert zu fühlen, wie es ihnen im Moment gerade geht. Das Schreien wird abgelehnt und darf so nicht sein. Dabei meinen es die Eltern gut und versuchen, das Bestmögliche zu tun.

Sie wollen ihr Kind auf keinen Fall *schreien lassen*, weil sie damit große Grausamkeit und Einsamkeit verbinden, das Alleinlassen in schweren Nöten. So befinden sich die Erwachsenen in einem Dilemma, weil sie gut für ihr Kind sorgen möchten und ihm seine Schmerzen wegnehmen oder wegtrösten wollen, sie aber zugleich immer wieder die Erfahrung machen, dass sie die Verzweiflung ihrer Kinder nicht auflösen können.

Wir haben leider oft nicht gelernt oder erfahren, wie so ein hilfreicher Prozess der *Begleitung des Schreiens*, das Aushalten und Annehmen dessen, was da ist, aussehen kann: ohne Fixierung auf das

Abstellen oder die Suche nach Lösungen. Es ist sehr anstrengend und ungewohnt, einfach nur da zu sein und zu akzeptieren, dass es dem eigenen Kind schlecht geht, obwohl ich da bin und alles für es tue.

Ein Beispiel:

Mein Sohn tat sich sehr schwer mit dem Einschlafen. Er war sehr offen und begierig, die Welt zu erfahren und zu erfassen. Anfangs schlief er einfach vor Erschöpfung beim Trinken an der Brust ein. Ich versuchte ihn dann, möglichst ohne ihn zu wecken, ins Bett abzulegen. Meine größte Sorge war, dass er aufwachen könnte und dann wieder anfing zu schreien. Bei jedem Schreien sorgte ich für seine Abwechslung, indem ich ihn trug oder mit ihm aus dem Fenster blickte und jede andere mögliche Position ausprobierte. Nie legte ich ihn einfach, wenn er nicht schlief, in sein Bett, damit er in einer geschützten Umgebung zur Ruhe kommen konnte. Mit der Zeit steigerten sich dann meine Aktivitäten, als er anfing zu schreien, wenn er müde wurde. Ich setzte mich mit ihm auf dem Arm auf einen Sitzball und hüpfte mit ihm, damit er zur Ruhe kam. Das funktionierte jedoch immer schlechter, je älter er wurde. Mir wurde klar, dass ein nächster Schritt nötig war.

Auf einmal hatte ich die Erkenntnis, dass ich als nächstes noch etwas Reizvolleres machen oder meine Strategie ändern musste. Bis zu diesem Moment hatte ich mich für den Schlaf meines Kindes verantwortlich gefühlt: Ich als Mutter bin dafür zuständig, dass mein Kind schlafen kann. Ich habe ihm nicht zugetraut, es allein zu schaffen und akzeptierte nicht, dass er, bevor er loslassen und schlafen konnte, seine Spannung und Reize durchs Schreien abbauen wollte. Außerdem trainierte ich ihm an, dass er, wenn er unruhig wurde, mit immer neuen Reizen konfrontiert wurde und so noch schlechter zur Ruhe kam. Das alles tat ich nach bestem Wissen und Gewissen, und weil ich es nicht aushielt, wenn er sich in den Schlaf schrie. Ich hatte das Gefühl, dass ich etwas machen musste, statt ihn einfach nur zu begleiten.

Ab diesem Zeitpunkt veränderte ich das Abendritual – Geschichte vorlesen, Singen und ein Gebet – und legte ihn dann wach in sein Bett. Natürlich schrie er anfangs, weil er diese Form nicht kannte und sich erst zurechtfinden musste. Ich blieb bei ihm, begleitete ihn, versuchte nicht mehr, ihn zum Schlafen zu drängen, sondern schuf ihm nur den

Raum zum Schlafen, indem ich mich innerlich stabilisierte und ihn ohne schlechtes Gewissen beim Schreien begleitete. Ich habe mir und ihm zugetraut und zugemutet, selbständig in den Schlaf zu kommen, und ihn begleitet.

Er übte sich darin, zur Ruhe zu kommen, und ich übte, ihm einen geschützten, sicheren Raum zu geben, die Verantwortung für uns und die Gestaltung der Schlafsituation zu übernehmen und ihm zu vertrauen.

Viele Eltern erzählen mir immer wieder davon, dass sie nachts gezwungen seien, aufzustehen, ihr Kind stundenlang herumzutragen oder mit ihrem Kind zu spielen, da es nicht schlafen wolle. Das führt oft zu großen Erschöpfungszuständen bei den Eltern.

Die meisten kleinen Kinder wachen nachts öfter auf und fangen an zu schreien, weil das ihre Ausdrucksmöglichkeit ist. Für die Eltern ist es oft ein Herausreißen aus den tiefsten Schlafphasen. Das Aufwachen und Schreien der Kinder ist die Normalität, die damit zusammenhängt, dass Kinder sich erst an den Tag-Nacht-Rhythmus gewöhnen und noch kurze Schlafphasen haben und leicht irritierbar sind.

Wie die Erwachsenen damit umgehen – ob sie die Haltung: »Mein Kind herrscht über mich« haben – und mit welchen Schritten sie auf das Schreien eingehen, ist allein die Entscheidung der Erwachsenen. Sie entscheiden, ob sie das Kind auf den Arm nehmen und durch die Wohnung tragen, das Licht anmachen, mit ihm spielen und versuchen, es abzulenken, oder ob sie es zu sich ins Bett holen, bei ihm sind und es mit ihm gemeinsam durchstehen. Kinder wollen wahrgenommen und gesehen werden, sie wollen ihre Verzweiflung und ihren Schmerz mit uns teilen. Sie fordern keine Handlungen, etwa herumgetragen oder bespielt und unterhalten zu werden.

Natürlich ist der Wunsch der Erwachsenen nach einer ungestörten und erholsamen Nachtruhe mehr als nachvollziehbar. Kinder wollen unseren Schlaf nicht stören, sie leben einfach noch ganz in ihrem Sein. Beim Schlafen müssen die Bedürfnisse von beiden – Erwachsenen und Kindern – einbezogen und befriedigt werden.

Kinder brauchen von uns das Signal, dass sie so, wie sie sind, und auch mit ihrem Schreien, geschätzt und geliebt werden. Wenn wir Erwachsenen sicher in dem sind, was wir tun, und gut für uns selbst sorgen, dann haben sie einen Halt in uns. Das gibt ihnen die Freiheit, selbst zu sich zu kommen, sich wertzuschätzen und zu akzeptieren. Je unruhiger, erschöpfter und angespannter die Erwachsenen werden, um so schwieriger wird es für die Kinder, zur Ruhe zu kommen. Wir können unseren Kindern ihre Schwierigkeiten oder Schlafprobleme nicht abnehmen, wir können sie nur *annehmen*. Jedes neugeborene Kind kommt mit seinen spezifischen Möglichkeiten und Problemen auf die Welt.

Kinder benötigen auf diesen Wegen die Begleitung der Erwachsenen. Die Erwachsenen wiederum können beim Schreien der Kinder ihren eigenen Schmerz und ihre Verletzungen erkennen, mit ihnen umgehen und von denen ihrer Kinder unterscheiden. Wir müssen unsere Kinder nicht beruhigen. Indem wir ihr Schreien annehmen, können wir selbst ruhig und gut geerdet werden. Für manche Eltern kann es hilfreich sein zu singen, um sich in die Situation hineinzubegeben, sie zu akzeptieren und zur Ruhe zu kommen.

In diesen Extremsituationen lernen wir Erwachsenen, über uns selbst hinauszuwachsen und zum Felsen in der Brandung zu werden, achtsam mit uns selbst und unseren Gefühlen verbunden zu sein – und gleichzeitig offen und einen Raum schaffend für die Gefühle und Unruhe der Kinder. Das heißt auch, dass wir unseren Erfahrungsschatz im Umgang mit Krisen erweitern und zugleich auf Bewährtes zurückgreifen. Gerade in Krisensituationen kann es wichtig sein, auf den Rhythmus zu achten und die Nacht nicht zum Tag zu machen, indem ich Tagesprogramm biete. Eher sollte ich auf Sparflamme gehen, da sein, wenn das Kind nachts schreit, und Klarheit darüber erlangen, wie ich mein Kind nachts begleiten will. Das kann auch heißen, sich Hilfe oder Unterstützung zu holen, um für ein ausgeglichenes eigenes Schlafkonto zu sorgen, oder sich mit dem Partner oder der Partnerin abzuwechseln, egal wer berufstätig ist, weil beide den nächsten Tag gut bewältigen wollen.

Erwachsene können durch das Schreien ihrer Kinder und den Schlafmangel an ihre geistigen und körperlichen Grenzen gelangen, was einerseits eine große Herausforderung und andererseits eine Chance ist.

Sie können sich selbst besser kennenlernen und ein persönliches Krisenmanagement entwickeln, indem sie trotz allem in sich selbst ruhen und sich gegenseitig Halt und Unterstützung geben. Sie lernen das Hineingehen in Situationen und die Akzeptanz dessen, was sich zeigt.

Eine andere Möglichkeit ist, sich selbst besser einschätzen zu lernen und Vertrauen in sich selbst und sein Kind zu entwickeln. Für andere bedeutet es die Chance zu bemerken, wie angewiesen wir auf die Unterstützung unserer Mitmenschen sind, und dass es ein befreiender Schritt sein kann, sich Hilfe zu holen.

Kinder wissen sich hier gut aufgehoben, da sie mit ihren Gefühlen und Schwierigkeiten ernst genommen, gesehen und begleitet werden. Sie nehmen das Vertrauen und die Zuversicht sowie den Halt im Leben mit, die ihre Eltern ihnen geben können, wenn sie ihre Verantwortung ergreifen und gut für sich selbst sorgen. Sie erleben die Erwachsenen als Führungspersonen, die sich selbst und ihre Kinder im Blick haben und sich selbst als Teil einer Gemeinschaft erleben, die sich gegenseitig unterstützt und begleitet.

Wer gemeinsam Krisen durchlebt, Schwierigkeiten bewältigt, an- und miteinander gewachsen ist, setzt die Grundlage für eine gute Gemeinschaft. Gerade das gemeinsame Durchstehen schwerer Zeiten und nicht zu wissen, wohin es geht, diese Verirrungen bringen uns ein großes Stück weiter. Dann entwickeln sich neue Lösungen im Tun, die vorher nicht absehbar waren. Es lohnt sich, die Herausforderungen, die wir durch das Zusammenleben mit Kindern erleben, anzunehmen und sie als Chance zu sehen, uns gemeinsam weiterzuentwickeln. Wir als Erwachsene entscheiden, in welche Richtung wir weitergehen. Ob die Liebe im Mittelpunkt stehen soll und ob das Lebendigsein mit seinem Raum für Traurigkeit und Fröhlichkeit, Schmerz und Freude, einsam und gemeinsam sein, sowie Vertrauen und Verzweiflung sich entwickeln darf. Getragen werden wir alle von der Liebe, die wir einfach nur fließen lassen dürfen, wenn wir wollen.

Coda
Impulse unserer Kinder aufnehmen und ein Leben in Liebe verwirklichen

Individuum und Gemeinschaft

Wir alle sind individuelle, eigenständige Wesen, die ihr Eigenes mitbringen und umsetzen wollen und zudem Gemeinschaftswesen, die sich in Beziehungen einbringen, erfahren und weiterentwickeln können. Diese Grundlagen des Lebens, die sich nur scheinbar widersprechen, machen Kinder uns deutlich.

Körperlich ist jeder Mensch ebenfalls einzigartig; jeder Fingerabdruck kann nur einem einzigen Menschen zugeordnet werden. Dieses Wunder, diese Einzigartigkeit jedes menschlichen Wesens, verlieren wir oft aus den Augen. Einerseits geht es darum, diese Einzigartigkeit immer weiter zu entfalten und zu erfahren, andererseits sind wir in jedem Augenblick schon genau richtig und perfekt. Kinder leben es uns vor. Sie *sind* einfach in jedem Moment und doch bereit, sich ständig zu verändern. Ihre Identität ist fließend, sie lassen sich nicht festlegen, sondern entwickeln, verändern und erfahren sich im Tun. Dieses Bewusstsein, ganz einzigartig zu sein, sich selbst immer weiter zu entdecken und doch schon in jedem Moment vollkommen zu sein, können wir als Impuls von Kindern aufnehmen.

Zugleich sind Kinder und auch wir auf Gemeinschaft angewiesen. Nur in Beziehungen können wir uns erfahren, entdecken, weiterentwickeln – wir sind voneinander abhängig. Wer wir sind, was uns wichtig ist, welche Verletzungen wir haben, welche Gefühle vorhanden sind, all das erfahren wir in der Beziehung zu einem anderen Menschen. Wie wir den anderen erleben, spiegelt unser eigenes Selbst. Kinder begeben sich voller Hingabe in Beziehungen, sie lassen die Liebe fließen und akzeptieren ihr Gegenüber so, wie es ist, ohne

Veränderungswunsch oder Kritik. Beziehungen mit Kindern ermöglichen uns, zu uns selbst zu kommen und uns neu zu erfahren.

Kinder verstehen sich als Teil der Gemeinschaft, sie wollen ihren Teil beitragen, damit das Zusammenleben gelingt. Sie passen sich an die Begebenheiten an und bringen sich auf ihre einzigartige, individuelle Weise ein. Dieser Wunsch nach Zughörigkeit und sich aktiv zu beteiligen, ist tief in ihnen verankert. Ein Leben ohne andere Menschen ist für sie nicht vorstellbar; sie haben die Klarheit, dass wir alle miteinander verbunden, auf einander angewiesen sind, das Leiden des einen immer auch Auswirkungen auf den anderen hat und wir nur miteinander das Leben gut gestalten können. Kinder leben mit ihrem einzigartigen Ich in der Gemeinschaft und tragen in dem wie sie sind zur Gemeinschaft bei.

Damit machen Kinder deutlich, was wirklich wichtig ist im Leben:

- Sich selbst und die anderen als einzigartige Individuen wahrnehmen, ganz im Sein sein – ich bin so, wie ich bin – und sich gleichzeitig immer wieder neu entdecken, erforschen, erfahren und entwickeln;
- Beziehungen als die Quelle allen Lebens und Ort der Liebe sowie der Erkenntnis wahrnehmen;
- Sich selbst als Teil der Gemeinschaft zu sehen und seinen individuellen Teil beizutragen, damit wir alle das Leben gestalten und genießen können.

Mut zur Entwicklung

Mut zur Entwicklung ist für Kinder vollkommen normal. Ihr Leben ist von Veränderungen von vielfältigen Erfahrungen geprägt und davon, sich immer wieder neu und anders zu entdecken. Sie sind morgens oft ein anderer Mensch als am Tag zuvor und begeben sich sprichwörtlich in den Fluss des Lebens, neugierig auf das, was passiert, wo es sie hintreibt. Egal, was kommt, es ist spannend und aufregend; sie genießen es, auch wenn sie nicht wissen (mit dem Kopf denken), was sich daraus entwickelt.

Sie springen einfach hinein ins Leben ohne Schwimmweste oder Schwimmflügel. Auch in ihrer Entwicklung wissen sie nicht, was auf sie zukommt. Wenn sie sich das erste Mal von der Rückenlage zur Seitenlage auf den Bauch drehen, überschreiten sie mutig und unerschrocken buchstäblich ihre eigenen Grenzen. Sie wissen nicht, was passiert, sie wissen nicht, wie sie in die sichere Rückenlage zurückkommen, sondern sie machen es »einfach so«. Bis heute weiß niemand, woher dieser riesige Mut und die Motivation, die Welt zu entdecken, kommen. Sie lassen sich einfach darauf ein, die Welt zu erobern und dabei ihre Grenzen zu überschreiten. Genutzt wird alles, was da ist: der eigene Körper, Materialien, Menschen. Ihr Aufruf lautet: »Lasst uns die Welt erobern und alles Spannende und Neue freudig entdecken, erforschen und genießen!« Welch ein Mut, welche Haltung, welche Lebensfreude und Lust aufs Leben stecken dahinter und zwar ohne ein: »Was wäre, wenn…«

Natürlich könnten wir sagen, Kinder seien einfach naiv. Ja, das sind sie: Sie denken in jungen Jahren noch nicht darüber nach, welche Folgen welche Handlung hat, das stimmt. Doch das Leben gibt ihnen Recht. Trotz schmerzvoller Erfahrungen werfen sie sich immer wieder neu ins Leben und entscheiden, dass es sich lohnt. Sie gehen einfach mit dem um, was kommt, suchen sich die Unterstützung und Begleitung ihrer Eltern, die einfach nur da sein müssen.

Sie rufen uns praktisch durch ihr Tätigsein ständig zu: »Hab Mut, es lohnt sich, das Leben macht Spaß, es ist leicht und freudig, und bei Problemen und Schmerzen findest du Begleitung. Hab nur Vertrauen!«

Vor diese Herausforderung, unser Leben aus Sicht der Kinder zu betrachten und Mut und Lust zu entwickeln, das eigene Leben spielerisch und leicht zu gestalten, stehen wir heute.

Viele von uns lassen sich immer noch einreden oder denken es selbst, dass das Leben ernst, hart und anstrengend sein muss. Warum?

Ja, es gibt Herausforderungen, die uns ganz fordern und uns vollkommen durcheinanderbringen. Doch wir dürfen darauf vertrauen, dass wir Wege finden werden, damit umzugehen, Lösungen zu entwickeln, uns Hilfe und Unterstützung zu holen. Wir sind auf Beziehungen ausgelegt, wir sind dafür da, uns gegenseitig zu begleiten. Wir sind kreativ, wir haben unendliche Erfahrungen gemacht, wie wir mit Problemen umgehen können. Das Wissen können wir anwenden und damit ganz neue Lösungen oder Lösungswege entwickeln. Wir haben Möglichkeiten und müssen nur den Mut aufbringen, die Schritte zu tun und unser begrenztes eingeschränktes Denken zu sprengen. Wenn wir einfach beginnen, kann auf jeden Schritt ein nächster folgen.

Haltung – Grundvertrauen und Akzeptanz

»Das Leben meint es gut mit uns.«

Kinder haben Vertrauen in die Welt und ihre Mitmenschen. Sie gehen davon aus, dass alles, was passiert, sinnvoll und richtig ist. Jeden Impuls, jegliche Schwierigkeiten und jede Eingrenzung, jedes Gefühl und jede Problemlage nehmen sie an und entwickeln sich daran weiter. Egal, wie ihre Eltern sich verhalten, sie nehmen sie an und lieben sie so, wie sie sind. Sie haben das Vertrauen, dass sie hier, wo sie sind, genau richtig sind: am richtigen Ort, zur richtigen Zeit, mit den richtigen Menschen. Mit dieser Grundeinstellung werfen sie sich ins Leben. Sie erkunden sich selbst und die Welt voller Genuss und Freude. Sie lassen sich auf Entdeckungen und Erfahrungen ein, freuen sich aus vollem Herzen und widmen sich allem, was sie tun, mit großer Hingabe und Leidenschaft. Ihnen ist nichts zuwider, sie denken nicht in Bewertungen, sondern staunen über die Schönheit und die Gesetze der Welt am Anfang ihres Lebens.

An Krankheiten und Verletzungen halten sie sich nicht auf, sondern sie leben damit und finden kreative Möglichkeiten. Egal, was das Leben ihnen bringt, es wird nicht bewertet oder gehadert, sondern sie nehmen es in Liebe an und gehen vertrauensvoll davon aus, dass es genau richtig ist. Das heißt, sie akzeptieren ihre Situation, ihr Leben so, wie es ist, und nicht nur das: Sie geben sich ihrem Leben, ihren Einschränkungen ganz hin und entwickeln sich durch die Hingabe daran.

Dieses uneingeschränkte Vertrauen in das Leben ohne festen Boden unter den Füßen, ohne gespanntes Sicherheitsnetz, ohne Versicherung, ohne überhaupt zu wissen, was auf uns zukommt, hatten wir als Kinder alle. Wir waren vollkommen naiv oder anders ausgedrückt: vollkommen vertrauensvoll und zugleich voller Liebe zu uns selbst und unserer Umwelt. Wir haben uns angenommen und akzeptiert, so wie wir sind, in allen Ausprägungen, mit allen Seiten und allen Gefühlen – ob Freude oder Traurigkeit, Angst, Wut, Schmerzen. Wir hatten nicht den Wunsch uns zu verbessern, wir waren einfach, und das war gut so.

Diese Haltung – das Einlassen aufs Leben und das Grundvertrauen ins Leben – ist die große Lebenskunst, die Kinder mitbringen.

Als Erwachsene tun wir uns damit bedeutend schwerer. Wir wissen, dass das Leben gefährlich ist, sogar lebensgefährlich, und wir wollen es auf jeden Fall bewahren. Aus dieser Sorge heraus und wegen der Probleme, die sich im Alltagsleben ergeben, verlieren wir die Qualität des Lebens, die wir selbst bestimmen können, vollkommen aus den Augen. Wir sind mit den Problemen des Lebens, statt mit seinen Chancen und Möglichkeiten beschäftigt. Die Lebenssituationen und -zusammenhänge sind oft nicht so schnell veränderbar, doch wir können an unserer *Haltung*, unserem Blick darauf arbeiten.

Zunächst geht es darum, mein eigenes Leben oder die ganz konkrete Situation, in der ich mich befinde, wahrzunehmen und genau hinzuspüren, wie es mir geht. So können zum Beispiel Gefühle, wie Ärger, Trauer, Wut, Enttäuschung hochkommen. Das heißt, wir müssen hinaus aus der Denkspirale und uns den Raum schaffen, um zu uns selbst, unserem eigenen Spüren zu kommen. Hierzu brauchen wir Ruhe, Stille und den Raum, zunächst uns selbst und den eigenen Körper wahrzunehmen, der oft ein guter Indikator ist, wo etwas festsitzt. Kinder spüren sich selbst den ganzen Tag in ihrem Körper und drücken unmittelbar aus, wie es ihnen geht. Erwachsene haben viele Schranken und Begrenzungen aufgebaut: Sie können Gefühle und Wahrnehmungen ihres Körpers unterdrücken und zurückstellen, um handlungsfähig zu bleiben. Diese Mechanismen sind hilfreich und notwendig, um in unserer Welt zu bestehen. Schwierig und gefährlich wird es, wenn wir den Zugang zu uns selbst verloren haben und nur noch im Handeln – im Hamsterrad des Alltags – sind und nicht mehr spüren, wie es uns geht.

Hilfreich kann ein tägliches Ritual sein, zum Beispiel im Bett vor dem Einschlafen oder bei bestimmten Körperübungen wie Yoga oder mit einer Tasse Tee um 16 Uhr oder wenn wir bewusst aus dem Fenster schauen. Wichtig ist, ins Wahrnehmen und Spüren zu kommen, bevor wir, etwa durch Krankheiten oder Impulse von außen, in so großen Schwierigkeiten stecken, dass wir massiv auf uns selbst zurückgeworfen werden. Also: wahrnehmen, was ist und egal, was hochkommt, es liebevoll annehmen. Es ist ein Teil von mir, und ich bin so, wie ich bin, geliebt und liebe mich selbst.

Durch meine Nichtakzeptanz mache ich das Unerwünschte nur größer und immer größer, es nimmt immer mehr Raum ein. Erst in dem Moment, in dem ich mich selbst und das Gefühl oder das Problem annehmen kann, besteht die Chance, dass es bearbeitet werden kann. Diese täglich neue bewusste Übung hilft, die hingebungsvolle, liebevolle Haltung der Kinder zu allem, was kommt, zu entwickeln. So entwickelt sich auch wieder ein Grundvertrauen und die Freude am und im Leben.

Ein weiterer Schritt, diese Haltung immer wieder neu zu greifen und zu integrieren, ist neben dem Wahrnehmen, Spüren und dem Annehmen die Frage nach dem Wozu, die uns weiterhilft, vertrauensvoll das Leben zu gestalten. »Wozu könnte diese Krankheit gut sein, meine Essens-Probleme, mein Konflikt mit meiner Partnerin, meinem Partner?« Auch in Beziehungen mit anderen Menschen ist die Frage nach dem »Wozu ist das gut?« oft hilfreich. Wir tun uns sehr leicht damit, andere zu beschuldigen oder verantwortlich dafür zu machen, wie es uns geht. Die Frage nach dem Wozu wirft uns auf uns selbst zurück, knüpft bei uns an und bringt uns in Kontakt mit uns selbst. Das Gegenüber hilft uns, Seiten an uns zu entdecken, die verborgen waren. Zu bemerken, was ich bei dem anderen ablehne, hängt oft unmittelbar mit dem zusammen, was ich bei mir selbst nicht akzeptiere und womit ich mich schwertue.

Wenn es uns gelingt, hinter allem einen möglichen Sinn zu sehen, der uns zwar nicht immer und selten ganz deutlich wird, verändert sich unser Blick. Mit der Frage nach dem Wozu richten wir den Blick auf die Zukunft, statt mit dem Warum in der Vergangenheit hängenzubleiben. Dann betrachten wir das Leben als Chance und nicht mehr als etwas, das wir nicht gestalten oder verändern können. Das Leben wird sinnvoll, und wir können wieder Vertrauen ins Leben entwickeln, wie Kinder es haben. Das ist die Basis, auf die das Menschsein gründet. Auch wenn vielleicht manche denken, diese Haltung sei naiv oder primitiv, ist sie doch das, was alle Menschen mitbringen: Liebe und die Hoffnung, dass das Leben sinnvoll ist und gestaltet werden will. Wir sind aktive Gestalter:innen unseres Lebens, die frei handeln und entscheiden, auf welcher Grundlage sie ihr Leben aufbauen. An Kindern können wir sehen, was ihre Basis ist: Liebe, Vertrauen, Hingabe. Die bringen sie mit, und uns können sie als Impuls und Inspiration für das eigene Leben dienen.

Durch welche Brille will ich auf mein Leben schauen?

Kinder haben die rosarote Brille der sogenannten Gutmenschen auf, und das ist gut so. Sie sehen den ganzen Menschen mit all seinen Möglichkeiten und akzeptieren und lieben uns daher so, wie wir sind. Sie schauen uns durch die Brille der Liebe an, dank der das Zusammensein mit ihnen so bereichernd ist und die uns zu unseren Ursprüngen zurückbringen kann.

Erwachsene entscheiden sich, mit welcher Brille sie auf ihr Leben schauen. Mit unseren Brillen sehen wir immer nur einen Ausschnitt. Zum Beispiel kann es sein, dass wir die »Dienerbrille« aufhaben, mit der wir jeden Wunsch der Kinder als Aufgabe für uns sehen, die wir zu erfüllen haben. Wir können auch die »Ich-komme-immer-zu-kurz-Brille« aufhaben, mit der wir unser Leben immer als unerfüllt betrachten. Wenn es uns gelingt, zumindest für kurze Augenblicke die Brille abzunehmen oder eine neue aufzusetzen, sehen wir auf einmal Dinge, die wir zuvor nie für möglich gehalten hätten, und der Blick weitet sich.

Jeder Mensch blickt mit einer Brille auf sein Leben und auf die Impulse, die das Leben mit sich bringt – und die kann je nach Situation gewechselt werden. Manchmal hilft es schon, wenn ich mir anschaue, durch welche Brille ich in welcher Situation gerade schaue, und mir dann klarmachen, ob ich diese Brille aufhaben oder sie lieber wechseln möchte. So bekomme ich einen Überblick über meine Sicht der Dinge.

Wir haben keine Garantie dafür, dass das Leben mit einer »Brille des Vertrauens« automatisch gut verläuft und wir deswegen keine Probleme haben. Doch der Umgang mit Schwierigkeiten und ihre Bewältigung werden durch das Vertrauen stark erleichtert. Mit Vertrauen wird das Leben schöner, wir können Augenblicke genießen, uns aus vollem Herzen freuen und uns den Aufgaben, die uns begegnen, vertrauensvoll stellen.

Janosch drückt es im *Wörterbuch der Lebenskunst* so aus:

»Das Leben ist so: Du wirst hineingeworfen, wie in ein kaltes Wasser, ungefragt, ob du willst oder nicht. Du kommst lebend nicht mehr heraus. Darüber kannst du

- unglücklich sein und ersaufen;
- dich lustlos und frierend so lange über Wasser halten, bis es vorbei ist;
- einen Sinn suchen und einfordern und dich grämen, weil er sich nicht zeigt;

oder du kannst

- dich darin voller Freude tummeln wie ein Fisch und sagen: ›Ich wollte sowieso ins Wasser, kaltes Wasser ist meine Leidenschaft. Was für ein verdammt schönes Vergnügen, Leute!‹«

Wir *entscheiden*, in welche Richtung unser Leben gehen soll und welche Haltung wir zum Leben einnehmen. Unsere Haltung ist bestimmt durch Lebenserfahrungen, Einstellungen und Glaubenssätze, die wir uns im Laufe unseres Lebens angeeignet und aus denen wir unsere persönlichen Brillen entwickelt haben. Wir tappen zwar immer wieder gerne in die alten Fallen, fühlen uns ausgeliefert, hilf- und machtlos, ungeliebt und einsam, doch wir können unseren Blick verändern. Als Menschen haben wir die Fähigkeit zur Reflexion und die Möglichkeit, uns von außen zu betrachten, uns wahrzunehmen und uns zu hinterfragen.

Jeder Mensch entscheidet sich in jedem Augenblick, mit welcher Haltung er oder sie leben möchte. Wir wissen nicht, woher es kommt oder wohin das Leben führt, doch wir entscheiden, *wie wir jetzt* leben.

Diese Grundeinstellung zum Leben, die *Entscheidung, es so oft wie möglich zu genießen, es leicht und spielerisch zu nehmen,* sich daran zu freuen, auch wenn ein Sturm aufzieht – dies liegt an jeder Einzelnen von uns.

Wir akzeptieren damit nicht den Status Quo (»Alles bleibt, wie es immer war«) oder eine Schicksalsergebenheit (»Ich kann ja doch nichts ändern«), sondern die Akzeptanz dessen, was nicht zu ändern oder schon geschehen ist. Oft quälen wir uns mit Phänomenen der Vergangenheit, die heute nicht mehr zu ändern sind. Das Hadern und die Qual mit Warum-Fragen, vergangene Ereignisse immer wieder fruchtlos aufzurollen, verstrickt uns immer tiefer in die Vergangenheit und macht für die Gegenwart ein Handeln unmöglich. Leider verlieren wir oft die Gegenwart aus den Augen: die Hingabe an die augenblickliche Situation.

Akzeptanz heißt, im Hier und Jetzt zu leben und sich auf die gegenwärtige Situation zu konzentrieren. Der erwachsene Mensch hat die wunderbare Fähigkeit, die eigene Vergangenheit und Zukunft in Augenschein zu nehmen, und das hilft uns, das Leben zu strukturieren.

Als Erwachsene bin ich aufgerufen, das, was mir begegnet, kritisch mit meinen Wertvorstellungen in Augenschein zu nehmen und zu entscheiden, was ich davon aufnehme oder nicht und von was ich mich bestimmen lasse. Ich bin selbst für mich verantwortlich und habe die Aufgabe, gut für mich zu sorgen. Das bedeutet Menschsein: reflektieren, gestalten, entscheiden, genießen, sich freuen an dem, was ist. Alle Erfahrungen, alles, was wir gelernt und erlebt haben, ist in unserem Körper gespeichert. Wir können unsere ganze Erfahrung annehmen, verarbeiten und frei entscheiden, wie wir damit umgehen.

Um das Leben gestalten zu können und einen Umgang mit meinen Problemen und Verletzungen zu finden, brauche ich das Vertrauen, dass ich mit der Situation umgehen und sie für mich als sinnvoll erleben kann, das heißt, etwas aus ihr lernen kann. Es bedarf dieses *Vertrauens!* Sonst verzweifeln wir an dem, was ist, was kommt oder was war und können nicht verantwortlich handeln und zu uns selbst kommen.

Wir entscheiden, was für uns Priorität hat: der Blick auf die Probleme oder auf die Lösungen und Möglichkeiten. Mit unserer Haltung richten wir den Blick darauf, wie sich etwas entwickeln kann, welche Möglichkeiten sich auftun. Wir richten unser Tun daran aus und schaffen letztendlich die Wirklichkeit, weil wir sie für möglich halten.

Kinder sind nicht die besseren Menschen; sie sind einfach besser mit dem Ursprung verbunden, der Quelle des Lebens, die aus der Liebe entspringt. Mit ihren Impulsen können wir unser festgefahrenes Denken lösen und das Leben leicht, flüssig und lebendig werden lassen. Unser Leben bekommt eine neue Richtung und wird freudiger, spielerischer und liebevoller.

Veränderungsprozess durch Dankbarkeit

Dankbarkeit ist eine der einfachsten Möglichkeiten, die persönliche Haltung zu verändern und das Leben wieder freudiger zu erleben. Sie löst festgefahrene Gedanken, öffnet die Herzen und ist auch für jegliche Weiterentwicklung ein Türöffner.

Dankbarkeit nimmt in Augenschein, was da ist, und schätzt es wert. Sie hilft, innezuhalten und den Blick darauf zu richten, was für mich wichtig und wertvoll ist. Mit der Haltung der Dankbarkeit gebe ich Aspekten meines Lebens einen Sinn, ordne sie als wichtig ein und sage: »Gut so!« Ich entscheide mich bewusst als freier, selbstbestimmter Mensch für meinen Blick auf mein Leben. Das kann mir niemand nehmen, ganz gleich, wie andere mein Leben, mein Dasein betrachten und wie die Fakten sind, wenn ich mich mit anderen vergleiche. Mit Dankbarkeit wird es licht, warm, leicht und freudig, weil ich in diesem Prozess übe, alles – auch die Schwierigkeiten und Unsicherheiten in meinem Leben – anzunehmen. Denn sie alle gehören zu meinem Leben: Traurigkeit und Freude, Angst und Vertrauen, Leichtigkeit und Schwere, Krankheit und Gesundheit, Freiheit und Begrenztheit, Trennung und Verbindung, Tod und Leben…

Durch unseren Blick verändern wir unsere Haltung, also unser Denken, indem wir uns entscheiden zu schauen, wofür wir dankbar sind. Hilfreich ist es, konkret zu beginnen, sich wirklich zu fragen, für welche Menschen und Dinge ich aus vollem Herzen dankbar bin: Ich setze mein Denken ein, um meinen Blick auf das zu richten, womit ich zufrieden und glücklich bin, so wie es ist. Das kann ein blühender Baum sein, der Sonnenschein, der Regen, der alles tränkt, der freundliche Blick meines Mannes, wenn er mir den Tee reicht, das freudige Rufen meiner Kinder, die sich aufs Essen freuen. Es kann der Unfall sein, den ich überlebt habe und der mir zeigt, wie kostbar das Leben ist, die Verkäuferin, die mir ein freundliches Lächeln schenkt, die Müllmänner, die regelmäßig meine Abfalltonnen leeren, oder die Glatze, weil ich keine Haare mehr waschen muss…

Wenn es mir sehr schwerfällt, meinen Blick auf die Dankbarkeit zu richten, dann kann ich mir vornehmen, jeden Morgen und jeden Abend ein bis drei Dinge zu finden, für die ich dankbar bin – und zwar jeden Tag andere. Diese Übung hilft mir, wenn ich sie regelmäßig in mein Leben integriere, mein Denken zu verändern und wieder Zugang zu meinem Herzen zu finden. Sie hilft, überall Möglichkeiten zu sehen, statt in Problemen steckenzubleiben. Sie hilft, alte Muster, etwa: »Das Leben meint es nicht gut mit mir« oder »Das Leben ist ein Kampf«, zu sprengen und Raum für Vertrauen, Freude und Leichtigkeit zu schaffen.

Die Dankbarkeit schützt uns zwar nicht vor Schwierigkeiten, Angst, Trauer und Schmerzen, doch sie hilft uns, damit umzugehen, die Hoffnung nicht zu verlieren und trotz allem Vertrauen ins Leben zu bewahren oder wieder neu zu entwickeln. Es ist nicht damit getan, eine allgemeine Dankbarkeit des Kopfes, ein: »Ja, ja ich bin dankbar für das, was ich habe«, zu entwickeln. Dankbarkeit kann sich nur aus dem Herzen, am konkreten Üben entwickeln.

Kinder haben diese Haltung noch, sie lassen sich auf das ein, was ist, gestalten und ergreifen die Dinge, haben ein offenes Herz und freuen sich somit aus vollem Herzen. Den Begriff Dankbarkeit kennen sie nicht, sie leben ihn einfach.

Dankbarkeit hilft auch, sich in einen Bewusstseinsprozess zu begeben. Wenn ich auf der Suche nach Dingen, für die ich dankbar bin, auf Sachen stoße, für die ich absolut nicht dankbar sein kann, hilft es zunächst, diese immer und immer wieder zu betrachten, ihnen Raum zu geben und zu schauen, was sich dadurch vielleicht verändert. Vielleicht kann ich lernen, diese Dinge als Teil meines Lebens, wie es eben heute ist, anzunehmen, da sie heute nicht mehr zu ändern sind. Sie haben mich geprägt und sind ein Teil von mir. Mit meiner Akzeptanz bekommen sie den Raum, der ihnen zusteht, und ich lerne, mich selbst mit meinen Erfahrungen zu schätzen.

Ein anderer Aspekt des Bewusstseinsprozesses beim Blick auf die Dinge, für die es mir schwerfällt, dankbar zu sein, könnte auch die Erkenntnis sein, dass ich es so nicht mehr haben möchte; dass ich es ändern will, damit es für mich wieder passt und ich dankbar darauf schauen kann.

Dankbarkeit unterstützt mich, persönliche Maßstäbe für ein glückliches, freudiges Leben ins Bewusstsein zu rufen. Die Maßstäbe oder Kriterien bestimmt niemand von außen, sondern nur ich selbst: Es sind immer meine eigenen, die ich jederzeit verändern kann. Im Nachdenken über die Dankbarkeit setze ich einen bewussten Veränderungsprozess in Gang, in dem ich entscheide, wie ich mein Leben betrachte und zukünftig gestalten möchte.

Erwachsene haben die Aufgabe, diesen Schritt bewusst zu gehen, ihre (durch Erfahrungen und Erziehung) erlernten Denkmuster zu verstehen und, wenn sie es wollen, zu verändern. Wir sind mit allem ausgestattet, was wir dazu brauchen. Seien wir dankbar dafür.

Liebe leben – Mit Herzaugen sehen – Zugang zum Herzen finden

Wir können durch unsere Kinder und durch Bewusstsein lernen, Liebe fließen zu lassen und dabei den Zugang zu unserem eigenen Herzen zu finden. Wir erwarten Liebe von anderen, anstatt uns selbst wertzuschätzen und zu lieben. Die große Aufgabe für uns besteht darin, uns dahin zu entwickeln, dass wir uns selbst als wertvoll und liebenswert betrachten können. Und zwar mit sämtlichen Ecken und Kanten!

Wir lösen uns dabei von eigenen negativen Selbstbildern, wie: »Ich bin nicht gut genug« und öffnen unsere Herzen für einen liebevollen Blick auf uns selbst, wie Kinder es uns vormachen.

Das hat nichts mit Egoismus oder der Selbstbezogenheit zu tun.

Selbstliebe, die aus dem Herzen kommt, muss sich selbst nicht optimieren! Mit der Selbstliebe sind bereits die Anerkennung und Wertschätzung des eigenen Ichs gegeben – so wie es im Moment eben ist – ohne, dass damit ein Ziel verbunden ist.

Selbstliebe bedeutet, sich von Bewertungen, Kritik, Vorstellungen und Bildern, wie ich eigentlich sein müsste, zu befreien.

Mit dieser Liebe ist auch Vertrauen verbunden. Vertrauen in das Leben, dass es gut und sinnvoll ist, Vertrauen in meine Mitmenschen, dass sie unterstützend da sind und natürlich Vertrauen in mich selbst, dass ich kreativ bin und Lösungen finde. Und dass ich so handle, wie es für mich richtig und passend ist und ich meinen eigenen Maßstäben gerechtwerden kann.

Jede andere Haltung mir selbst gegenüber nimmt mir Mut und Sicherheit im Handeln. Der Weg führt über ein tiefes Vertrauen und einem Wertschätzen meiner Handlungen. Das bedeutet nicht, dass ich blind für jegliche Reflexion und Selbstbetrachtung von außen werde. Nein, sondern ich handle so, wie es mir im Moment mit besten Kräften möglich ist, um dann durch Rückmeldungen meiner Kinder oder Mitmenschen zu reflektieren, wie ich das nächste Mal vielleicht hilfreicher für alle handeln könnte.

Es geht um das Grundvertrauen, dass ich, so wie ich bin, wertvoll und gut genug bin und dass *meine Handlungen aus dieser wertschätzenden Haltung mir selbst gegenüber reflektiert und so verändert werden können.*

Das beinhaltet, dass ich liebevoll mit mir umgehen kann, wenn ich Fehler gemacht habe und auch dann mit liebevollem Blick auf mich selbst schauen kann. Da ich weiß: »Ich bin wertvoll, so wie ich bin«, helfen mir meine Fehler dabei, neue Möglichkeiten und Ideen zu entdecken, mich selbst weiterzuentwickeln und bewusster zu handeln. Ohne Irrtümer wäre keine Entwicklung möglich.

Fehler bei den Handlungen im Zusammenleben mit Kindern werden nur dann problematisch, wenn ich sie mir nicht bewusstmache und die Rückmeldungen meiner Kinder nicht ernst nehme. Das gilt auch dann, wenn ich mich dafür selbst fertigmache und ein negatives Selbstbild nähre. Das tut niemandem gut, weder den Erwachsenen noch den Kindern. Diesen Prozess der Selbstannahme, des Selbstverzeihens und der Anerkennung seiner selbst als wertvoll und liebenswert, dieses Vertrauen in sich selbst zu schaffen, nimmt uns niemand ab. Dieser Prozess ist die Grundlage dafür, das Leben aktiv und bewusst zu gestalten.

Unser Denken ist geprägt von Erfahrungen, die wir im Laufe unseres Lebens gemacht haben. So haben sich bestimmte Denk- und Glaubensmuster verfestigt, die uns heute daran hindern, uns selbst zu lieben und die Liebe fließen zu lassen. Wir haben gelernt, dass wir nicht gut genug sind, dass wir schlecht oder unnütz sind, wenn wir Fehler gemacht haben. Gerade heute werden in den sozialen Medien Menschen in Hashtags mit ihren Handlungen gleichgesetzt.

Der Mensch ist schlecht und verabscheuungswürdig, weil er (oft vermeintlich) etwas Böses oder Verabscheuungswürdiges getan hat. Kein Mensch ist gleichzusetzen mit seinen Handlungen. Er ist verantwortlich für sein Handeln, und trotzdem ist er viel mehr als das, was er tut. Wir müssen daran arbeiten, unser Ich und Selbstbild nicht mit unserem Handeln gleichzusetzen, und es wagen, uns selbst mit offenem Herzen, mit Liebe zu betrachten. Es ist absolut sinnvoll, die Verantwortung für unser Handeln zu übernehmen und uns selbst liebevoll zu vergeben. Mit dieser Selbstliebe können wir wachsen und lernen, unser Leben und Handeln an der Liebe auszurichten.

Bei allem, was wir denken, was wir tun, können wir unser Herz fragen: »Was hältst du davon, was sagst du dazu?« So geben wir dem Herzen wieder Raum, eine Instanz unseres Denkens und Handelns zu werden. Dieser Schritt muss ganz bewusst gegangen werden: »Ich erlaube mir, mein Herz zu öffnen, mein Herz wichtig zu nehmen und zur Instanz meines Handelns zu machen.«

Kinder machen es einfach so; Erwachsene müssen diese Entscheidung aktiv mit dem Kopf treffen. Das bedeutet auch, dass ich die bewusste Entscheidung treffe, die *Verantwortung für meine Gedanken, meine Art des Denkens* zu übernehmen.

Das Denken ist geprägt von meiner Vergangenheit und meinen Denkgewohnheiten, doch ich kann es verändern und neue Denkstrukturen schaffen.

Wir können entscheiden, welche Informationen wir in uns aufnehmen. Wollen wir Katastrophen (in den Nachrichten) oder hoffnungsvolle Projekte wahrnehmen, die Mut machen und Energie schenken? Jeder Mensch kann sich neben sich selbst stellen und beobachten, wie er denkt. Ich kann jeden Tag neu üben, das halbvolle Glas zu sehen anstatt ein halbleeres. Wir sind unserem Denken eben nicht hilflos ausgeliefert.

In vielen Meditationstechniken wird geübt, das Denken zu verändern und sich für die Liebe zu öffnen. Dieses Denken aus dem Herzen, das Fragen des Herzens: »Was sagst du als mein Herz dazu?« bringt uns wieder näher zu uns selbst und ermöglicht uns, unser Leben an der Liebe auszurichten. Wir sind geliebte und wertvolle Geschöpfe Gottes mit unglaublichen Potentialen, unsere Liebe auf ganz persönliche Art und Weise zu entwickeln und zu entfalten. So sehen uns unsere Kinder. Wir haben die Freiheit uns an die Arbeit zu machen, unser Eigenes in der Liebe zu verwirklichen.

Ich kann mein Herz befragen und kann üben, mit Herzaugen zu sehen. Ich stelle mir vor, mein Herz hätte Augen und ich würde mit diesen mein Gegenüber betrachten. So gelingt es, den *Menschen* hinter seinem Handeln und Denken zu sehen: Er ist mehr als das, was ich von außen wahrnehme. Das ermöglicht uns, in jedem Menschen das Kind zu sehen, das voller Liebe war, denn so fällt es uns leichter, den gegenwärtigen Menschen zu akzeptieren und wertzuschätzen. Dann sehen wir den Schmerz, die Trauer und die Verletzungen, die liebevoll angenommen werden wollen, damit sie heilen können.

Eine andere Möglichkeit, das eigene urteilende Denken zu überlisten, besteht darin, Handlungen anderer Personen, die ich einfach nicht akzeptieren kann, mit dem Satz zu begleiten: »Das, was du gerade machst, ist das Schönste und Beste, was du dir derzeit vorstellen kannst.« Wenn ich diese Aussage immer wieder verwende, lenke ich mein Denken auf Akzeptanz und Wertschätzung und schaffe Raum für mein Herz, damit es sich öffnen kann, anstatt mein Gegenüber verändern zu wollen.

Liebe hat keine Intention, sondern Liebe akzeptiert und schenkt uns Wert, einfach so, ohne Vorbehalte und ohne Bedingungen. Sie wird einfach geschenkt, oder wir können sie uns selbst schenken.

Damit wir Liebe schenken können, brauchen wir selbst eine nährende Verbundenheit, einen Ort, der uns nährt. Diese Quelle der Liebe kann Gott oder das Universum oder ich selbst sein, indem ich mich immer wieder mit mir selbst und damit der Liebe des Ursprungs verbinde. Eine Übung hierfür könnte sein, sich selbst mit der Hand auf dem Herzen die Erlaubnis zu geben, das Herz bedingungslos zu öffnen und liebenswert und wertvoll zu sein. Oder mit den Worten: »Ich bin Liebe, Freude…« mich selbst zu ermächtigen, in der Liebe zu baden. Wichtig ist, das Gefühl der Liebe direkt mit dem Denken, den Sätzen und Worten zu verbinden, so dass es wirken kann, und zwar jetzt und nicht erst in Zukunft. Es geht darum, *sich die Erlaubnis zu geben, das Leben zu genießen und Wunder geschehen zu lassen.*

Das Leben hat zwei Aspekte. Zum einen geht es darum, zu handeln, zu gestalten und Schritte zu gehen. Der andere Aspekt ist das Loslassen, das vertrauensvolle Fließenlassen. Das bedeutet im konkreten Handeln, wenn ich alles mir Mögliche unternommen habe, den Prozess laufenzulassen und darauf zu vertrauen, dass sich alles fügt.

Wenn ich nur im Festhalten und Handeln bleibe, kommt es zu einer Kontrolle, bei der es keinen Raum mehr gibt, Neues entstehen zu lassen. Wenn ich nur loslasse und mich ganz hingebe, fehlt mein persönlicher Willensimpuls, das konkrete Gestalten und Handeln.

Kinder geben sich zum einen ganz hin und sind zum anderen ganz im Tun. Wir sind es in unserer Kultur eher gewohnt, festzuhalten, aktiv zu handeln und zu versuchen, alles im Griff zu haben. Die von außen betrachtet eher passive Haltung der Hingabe und des Loslassens, mit der sich etwas entwickeln und etwas Neues entstehen kann, fällt uns schwerer. Das Loslassen ist wie der Impuls, sich in etwas größeres Ganzes einzubinden und dem Prozess des Lebens zu vertrauen. Beide Aspekte sind mit dem Atem vergleichbar: dem Einatmen, indem ich etwas von außen aufnehme, dabei tätig werde, um es dann beim Ausatmen wieder in die Welt zu entlassen. Wir brauchen ein gesundes Gleichgewicht beider Pole.

Kommen wir in Liebe eingebettet auf die Erde, geht es immer wieder darum, diese Liebe aufzunehmen, sie beim Einatmen fließen zu lassen und sie in aktives von Liebe geprägtes Handeln umzusetzen, um sie beim Ausatmen wieder in das große Ganze zurückfließen zu lassen und darauf zu vertrauen, dass sie weiterfließen kann und wir so die Welt liebevoller gestalten können.

»Von der Tiefe bis hoch zu den Sternen durchflutet Liebe das All.«

Hildegard von Bingen

Danksagung

Bedanken möchte ich mich bei allen, die mir im Laufe meines Lebens begegnet sind und sich auf das Wagnis »Beziehung zu mir« eingelassen haben. Es waren Beziehungen, die sehr oft bereichernd, manchmal belastend und anstrengend, doch immer entwicklungs- und wachstumsfördernd waren. Danke an alle, die mich durch ihr Handeln, Denken oder Fühlen unterstützt und begleitet haben.

Mein ganz besonderer Dank gilt meinen Kindern Leo und Teresa, von denen ich unendlich viel gelernt habe und die mir meine Grenzen aufgezeigt und mich im Beziehungsaufbau und Vertrauen gefördert haben: Ihr belebt und inspiriert mich auch heute noch. Ohne meinen Mann Jürgen, der mich immer darin unterstützt hat, einen Schritt weiterzugehen, meine Zweifel begleitet hat sowie als Erstleser und persönlicher Wortfindungsassistent zur Verfügung stand, hätte es dieses Buch nicht gegeben. Herzlichen Dank!

Selbstbestimmt Mutter sein

Die Fremdbetreuung bereits von Kleinstkindern scheint das »Normale« zu sein. Sie wird uns als notwendige Förderung des Kindes suggeriert. Doch ist dies wirklich die Ultima Ratio?

Dieses Buch stellt die Erfahrungen und Beobachtungen von jungen Müttern in den Vordergrund, die ihre Kinder in den ersten Jahren selbst betreuen und so eine kindgerechte Entwicklung ermöglichen. Sie folgen ihrer inneren Stimme, ganz im Bewusstsein ihrer Aufgabe und des finanziellen Verzichtes. Sachinformationen zwischen den biographischen Berichten ergänzen die komplexe Thematik der Selbstbetreuung.

Sabine Mänken (Hrsg.)
Mütter der Neuen Zeit
Wir plädieren für eine kindgerechte Entwicklung
Mit Vorworten von Gerald Hüther und Rainer Böhm
Klappenbroschur, 272 Seiten
ISBN 978-3-89060-778-8

Lernen ist ein natürlicher Antrieb des Menschen

Andrea Stadler hat selbst einige Jahre als Volksschullehrerin gearbeitet und erlebt, wie sehr Notengebung und starre Lehrpläne an den Bedürfnissen der Kinder vorbeigehen. Anstatt dem natürlichen Antrieb des Menschen, etwas lernen zu wollen, Nahrung zu geben, wird dieser ausgebremst: durch einen starren Lehrplan, der entweder überfordert oder unterfordert und Neugier und Wissensdurst in Langeweile umschlagen lässt.

Ein Kind ist begierig zu lernen, wenn wir sein Potential sehen und fördern, es seinen Rhythmus leben und seinen Interessen folgen lassen. So ist dieses Buch nicht nur eine grundlegende Kritik an der heutigen Schule, sondern auch eine Aufforderung, die Freiräume des Bildungssystems zu nutzen, um bloße Wissensvermittlung zu einem echten Lernen mit Verstand und mit Herz zu machen.

Andrea Stadler
Macht Schule dumm?
Ein Plädoyer für kindgerechtes Lernen
Broschur, 192 Seiten
ISBN 978-3-89060-745-0

Hier kann man sich zum **Neue Erde-Newsletter** anmelden:
newsletter.neueerde.de/anmeldung

NEUE ERDE im Buchhandel

Neue Erde ist ein kleiner unabhängiger Verlag, und der unabhängige Buchhandel ist unser natürlicher Partner. Wir unterstützen die Initiative »buy local«.

Sollte es Lieferschwierigkeiten bei den Büchern von NEUE ERDE geben, lassen Sie immer im VLB (Verzeichnis lieferbarer Bücher) nachsehen, im Internet unter **www.buchhandel.de**

Alle lieferbaren Titel des Verlags sind für den Buchhandel verfügbar.

Sie finden unsere Bücher auch auf unserer Homepage **www.neue-erde.de** oder in unserem Gesamtverzeichnis, welches Sie gerne hier anfordern können:

NEUE ERDE GmbH
Cecilienstr. 29 · 66111 Saarbrücken
info@neue-erde.de

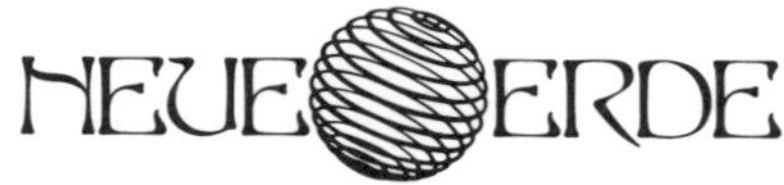